소식주의자

소식주의자

소식小食은 어떻게 부富와 장수長壽를 불러오는가?

미즈노 남보쿠 지음
최진호 옮김 | 조한경 추천사

사이몬북스

편역 최진호

경북 청도 출생
부경대학교 명예교수
한국과학기술한림원 종신회원
시인/수필가, 지금까지 저서 100여 권
일본 도야마의대 객원연구원 역임
미국 텍사스의대 교환교수 역임
한국 노화학회, 한국생명과학회 회장 역임
먹거리사랑, 바다사랑, 과학사랑 NGO 대표
국민포장(1985년), 부산광역시 문화상(1997년),
홍조근정훈장(2008년) 수상

이 책은 미즈노 남보쿠의
〈상법극의수신록〉相法極意修身録에서 음식의 절제에 관한 내용을
일본의 작가 다마이레이 이치로 玉井礼一郎가 번역하고 편집한 책,
〈음식이 운명을 좌우한다〉食は命を左右する(다마이라보たまいらぼ 출판사)를
한국어로 다시 번역하여 편집한 것입니다.
이 책의 한국어판 저작권은 다마이라보 출판사와의 독점계약으로
사이몬북스에 있습니다.
저작권법에 의해 한국 내에서 보호를 받는 저작물이므로
무단전재와 무단복제를 금합니다.

소식주의자
소식은 어떻게 부와 장수를 불러오는가?

초판 1쇄 발행 2022년 5월 16일
초판 4쇄 발행 2023년 9월 1일

지은이 미즈노 남보쿠
옮긴이 최진호
디자인 책만드는사람(010-5526-0928)
교정 김우현(010-4356-5100)
인쇄 영진프린팅
유통 협진출판물류
펴낸곳 사이몬북스
펴낸이 강신원
주소 서울시 영등포구 영등포로 150, 생각공장 당산 B동 1212호
전화 02-337-6389
팩스 02-325-7282
이메일 simonbooks@naver.com
출판등록 2006년 5월 9일 제16-3895호
등록번호 ISBN 979-11-87330-27-1 03320

Less But Better
덜어낼수록 좋다

디터 람스 Dieter Rams

남보쿠의 생애

남보쿠의 아버지는 오사카의 어느 극단에서 연극의 각본을 쓰는 전속작가로 일했으나 남보쿠가 어릴 때에 세상을 떠났습니다. 고아가 된 남보쿠는 대장장이였던 삼촌과 함께 살게 되었습니다.

남보쿠는 10세 때부터 술을 먹기 시작하면서 싸움질이 심해 상처가 나지 않는 날이 거의 없었다고 합니다. 그러다가 18세 때에는 술값 때문에 죄를 짓고 옥살이를 했습니다. 그가 옥살이를 할 때 죄수와 일반 사람들의 관상이 매우 다르다는 사실을 발견하고, 그때부터 관상에 흥미를 갖게 되었습니다.

그래서 출옥하자마자 시중의 이름 있는 관상가에게 찾아가서 자신의 관상을 본 결과, 칼을 맞아 죽을 검난劍難의 상相이어서 앞으로 1년밖에 살 수 없으니 그걸 피하려면 출가해서 스님이 되는 수밖에 없다고 했습니다. 하는 수 없이 절을 찾아간 남보쿠에게 그 절의 주지 스님은 거절하는 뜻으로, '1년 동안 보리와 콩만으로 식사를 계속하면 입문을 허락하겠다'고 약속했습니다.

그래서 남보쿠는 온갖 궂은일을 하면서 보리와 콩으로 1년을 보내고 주지 스님을 찾아가기 전에 처음의 그 관상가를 찾아갔습니다. 그 관상가는 '칼에 맞아 죽을 상이 없어졌는데 뭔가 큰 공덕을 세운 모양이다'라며 매우 놀라워했습니다. 그래서 남보쿠가 보리와 콩만 먹게 된 경위를 설명했더니, '그것으로 음덕陰德을 쌓게 되어 관상까지 바뀌었다'며 축하해 주었습니다. 그제야 남보쿠는 뭔가 자신을 얻게 되었습니다. 여기서 남보쿠는 스님이 되기보다는 관상가가 되기로 뜻을 세우고 험난한 여행의 길을 떠나게 됩니다.

남보쿠가 관상학에 뜻을 두게 된 것은 21세 때였습니다. 그때부터 사람의 전신의 상相을 배우기 위해 3년간 이발소에서 일하며 두상과 면상을 공부했고, 목욕탕의 때밀이를 하며 몸의 상을 공부했고, 죽은 사람의 상相을 확인하기 위해서 3년간 화장터 인부로 일하며 뼈와 골격을 공부했습니다. 따라서 남보쿠의 뛰어난 관상학은 그 당시에 얻은 고통스런 수업의 성과로 짐작됩니다.

남보쿠는 단식과 폭포 수련 등의 어려운 고행을 시작합니다. 그 고행의 결과 사람의 운명은 식食에 있다는 진리를 깨닫게 되었습니다. 마침내 그를 존경하는 제자들이 구름처럼 몰려들고 황실의 사랑을 받아 종오위從五位의 벼슬도 받게 됩니다.

남보쿠 자신의 관상은 보잘것없었습니다. 키는 작고 얼굴은 답답하고 비좁아 대범치 않으며, 입은 작고 눈은 움푹 들어가 있고 인당은 좁고 눈썹은 엷었습니다. 코는 낮으며 광대뼈는 불거지고 이빨은 짧고 가늘었습니다. 이것은 모두 본인이 기록한 것입니다. 보기 드문 빈상貧相이었지만, '사람의 운명은 식食에 있다'는 큰 깨달음에 따라 '매일 보리 한 홉 반과 채소 한 가지'로 음식을 절제하고 쌀로 된 것은 떡이라도 먹지 않았다고 전해집니다. 그 결과 말년에는 가옥과 일곱 채의 창고를 가진 부자가 되었습니다.

남보쿠는 1757년에 태어나 그 당시로는 비교적 장수에 속하는 78세를 일기로 세상을 떠났습니다.

소식에 대한 놀라운 통찰을 넘어
삶의 지혜가 가득 담겨 있는 책입니다

조한경 원장, 〈환자혁명〉 저자

건강을 유지하고 장수하는 비결을 손에 꼽으려면
반드시 포함되는 것 중 하나가 소식하는 습관입니다.

최근 열풍을 일으키고 있는 저탄고지나
간헐적 단식의 본질은 소식하는 습관과 같습니다.

책의 저자는 현대 영양학과는 전혀 연관이 없는
200여 년 전 일본의 관상가요 운명학자요 사상가입니다.

현대적인 과학기법이나 연구 없이,
오로지 관찰과 지혜로만 썼던 책의 내용들이

이제 와서 하나둘씩 증명되고 있는 셈입니다.

저자는 소식을 통해 관상을 이기고
운명을 바꿀 수 있다고 주장합니다.
나 역시 이에 깊이 공감하는 바입니다.

올바른 식사법이 체형을 바꾸고, 건강상태를 개선하고,
사고방식과 집중력을 바꾼다는 것은 억측이 아니라
가장 평범한 과학입니다.

관상을 이기고 운명을 바꾸는 절제의 힘.
소식에 대한 놀라운 통찰을 넘어
삶의 지혜가 가득 담겨 있는 책입니다.

차
례

2부 봉황은 물 이외에 어떤 것도 먹지 않는다

3부 밥그릇의 크기를 줄일수록
부와 장수의 크기는 늘어난다

4부 성공하는 사람은 남의 덕을 말하고
실패하는 사람은 남의 탓을 말한다

1부

소식은 어떻게
당신의 운명을
좌우하는가?

○ ○ ○

'복팔분腹八分이면 무의無醫'라는 말이 있습니다.
즉 '배 속을 8할만 채우면 의사가 필요 없다'는 말입니다.
복팔분이란 단순히 조금 덜 먹는 일이 아니라
욕심을 내려놓는 일이기도 합니다.
복팔분하듯이 모든 일에 조심한다면
부와 명예가 어찌 다른 곳으로 도망가겠습니까?
설사 부와 명예를 얻지 못한다 한들
무슨 부족함이 있겠습니까?

01 │ 당신의 운명은
먹는 음식으로 결정된다

문 問 스승님은 관상의 대가이십니다.

관상은 타고난 것으로 알고 있는데

먹는 음식이 관상을 바꾼다고 하십니다.

이는 무슨 말씀이십니까?

답 答 관상을 타고난 것으로 알고 있는데 그것은 잘못된 생각입니다. 만물 중에 변하지 않는 것이 없듯이 관상도 그러합니다.

그 사람이 매일 먹는 식사의 양에 따라 그 사람의 부와 명예와 수명, 그리고 미래의 운명까지도 예측할 수 있습니다. 물론 힘든 육체노동을 하지 않는 사람들에게 해당되는 사항입니다. 육체노동에 종사하는 사람은 그 사람이 하는 노동의 내용에 따라 식사량의 정량이 정해져 있고, 신체의 크기나

노동의 강약에 따라서도 식사량이 달라질 수 있습니다. 또한 나이가 젊거나 많음에 따라 조금씩 달라질 수도 있습니다. 그러나 전체적으로 그가 매일 섭취하는 식사량의 다소에 따라 운명의 길흉吉凶이 결정됩니다.

옛날 선인들의 격언 중에 '하늘에 녹祿이 없는 사람은 출생하지도 않으며, 땅에 뿌리 없는 풀은 돋아나지도 않는다'고 하였습니다. 이것은 빈부귀천을 막론하고 사람은 누구라도 하늘에서 주어진 일정한 식사량이 있다는 뜻입니다. 일정량의 식사량이 주어져 있기 때문에 30년에 걸쳐 과식하고 폭식하는 사람은 30세를 살고, 100년에 걸쳐 절제하여 소식하는 사람은 100세를 산다는 말입니다. 이러한 사실을 깨닫지 못하고 함부로 욕심을 내어 먹는 사람은 하늘의 법칙을 파괴하는 사람입니다.

인간이 세상에 태어나면 음식이 있어야 생명을 유지할 수 있습니다. 생명이 존재하는 곳에는 반드시 음식이 있고 먹을 것이 있는 곳에는 반드시 생명이 있습니다. 인간의 길흉은 모두 음식에 의해서 결정된다고 해도 과언이 아닙니다. 따라서 두려워해야 할 것도 음식이요, 신중해야 할 것도 음식입니다.

식사량이 적은 사람은 관상학적으로 불길不吉한 관상을 가지고 태어났다고 하더라도 운세運勢가 좋습니다. 나름대로 축복받는 인생을 보내며 젊어서 죽는 법이 없는데 이런 사람은 말년에도 길吉한 법입니다. 식탐이 심하고 지나치게 많이 먹어 과식過食하는 사람이 있습니다. 이런 사람은 관상학적으로 길상吉相을 가지고 태어났다 해도 젊어서부터 몸이 무너지기 쉽습니다.

02 | 배 속을 8할만 채우면 의사가 필요 없다

문 問 스승님의 가르침대로

소식을 실천하고 있지만

좋은 것을 골라 먹는

미식가美食家이기도 합니다.

소식을 하면 미식도 괜찮은지

가르침을 주십시오.

답 答 하루 세끼의 식사를 항상 대식大食하거나 폭식暴食하는 사람
은 관상이 길상이라 하더라도 운세가 일정치 않습니다. 가난
한 사람은 더욱 곤궁에 빠지고 부자라 하더라도 가세家勢가
기울게 됩니다. 관상이 흉凶한 데다가 폭식까지 하면 죽고
난 후에 들어갈 관棺도 못 구할 정도로 가세가 기운다는 사
실을 각오해야 됩니다.

중국 고서에 '복팔분腹八分이면 무의無醫'라는 말이 있습니다. 즉 '배 속을 항상 8할만 채우면 의사가 필요 없다'는 말입니다. 폭식과 대식을 경계하는 말이니 꼭 명심해야 합니다.

미식美食 또한 과식이나 폭식과 다름이 없습니다. 세 가지 모두 지나친 욕심에서 비롯되기 때문입니다. 항상 맛있는 음식만 골라 먹는 사람은 비록 관상이 길吉하다 해도 운세는 흉합니다. 미식하는 버릇을 고치지 않으면 부와 명예는 물론이거니와 집안 자체가 몰락하게 됩니다. 가난한 사람이 미식을 하게 되면 뼈 빠지게 평생 고생만 하다가 자식에게 빚까지 남겨 놓고 비참하게 죽는 법입니다.

제철에 나오는 음식을 진중하게 기다리지 않고, 그 계절 중에 가장 먼저 나오는 것을 기를 쓰고 즐겨 먹는 사람이 있습니다. 이런 사람은 관상이 복상福相이라 해도 재산운財産運이 빠져나가게 됩니다. 하물며 빈상貧相인 자가 이런 습관을 가지면 행방불명이 될 운명에 처하게 됩니다.

물론 제철음식이 건강에 가장 좋습니다. 그러나 아직 성숙이 덜 된 것을 맨 처음 먹겠다고 식탐을 부리는 것은 지나친 욕심입니다. 무엇을 지나치게 좋아하는 그 마음을 삼가십시오.

여름에는 덥기 때문에 몸을 시원하게 하는 과일과 채소가 좋고 겨울에는 춥기 때문에 몸을 따뜻하게 하는 곡물이 사람의 몸에 제격입니다. 식탐을 버리고 자연의 법칙을 겸허히 따르십시오.

〈논어論語〉에는 공자의 음식관飮食觀이 잘 나와 있습니다. 그것을 우리는 공자의 불가식不可食이라고 말합니다. 첫째, 음식이 갖는 본래의 빛을 잃으면 먹지 않는다. 둘째, 집에서 만들지 않은 음식은 먹지 않는다. 셋째, 제철에 난 것이 아니면 먹지 않는다. 이렇게 기록되어 있습니다. 역시 대학자인 공자다운 식생활이라는 생각을 지울 수가 없습니다.

곡식과 채소처럼 검소한 음식을 먹는 것을 조식粗食이라 부릅니다. 항상 자기의 생활수준보다 낮은 정도의 조식을 실천하는 데 힘쓰십시오. 관상이 빈상이라고 해도 언젠가는 재산을 모으고 늙어서는 안락한 생활을 하게 되며 질병 없이 천수天壽를 누리게 됩니다. 이런 사람은 흔치 않습니다. 그러나 나는 조식을 실천하여 장수를 누리는 사람들을 많이 보았습니다.

03 | 검소한 음식도
많이 먹는 것을 경계하라

문 問 스승님께서는 미식을 경계하고

곡식과 나물로 조식粗食하라고 말씀하십니다.

검소한 음식을 먹는다면 누구나 관상이 변해서

부와 장수를 가질 수 있겠습니까?

답 答 하루 세끼를 검소한 조식粗食으로 소식하는 사람은 악상惡相

에다 빈상貧相으로 태어났다 할지라도, 부와 명예와 건강을

누리며 자손에게 그것들을 물려줄 수 있습니다. 그러나 반찬

이 변변치 못한 조식을 하더라도 그것을 폭식暴食하고 대식

大食하는 사람은 말년에 크게 흉凶하게 됩니다. 그러나 육체

노동이 심한 사람은 여기에 해당되지 않습니다. 운동을 하는

사람도 예외가 됩니다.

하루 세끼 식사의 양과 질이 일정하게 정해져 있고 그것을 실천하는 사람은 관상이 나쁘더라도 부와 명예와 장수를 누리게 됩니다. 자식들에게 재산을 물려줄 수 있으므로 말년에도 길吉한 법입니다.

〈주역周易〉에 '군자이신언어절음식君子以愼言語節飮食'이란 말이 있습니다. '군자는 언어를 신중히 하고 먹는 음식을 절제한다'는 뜻입니다. 입이라고 하는 기관은 음식이 들어가고 말이 나오는 곳입니다. 따라서 이 출입구를 잘 조절하는 것이 부와 장수의 핵심입니다. 모든 다툼의 원인도 입에서 생기고 인간의 덕德도 입에서 출발한다는 사실을 명심하십시오.

식사의 양을 엄격하게 정해서 절제하는 사람은 지금은 비록 관상이 나쁘고 가난하더라도, 조금 늦게라도 그에 상응하는 복을 받게 됩니다. 특히 말년에는 모든 일이 생각대로 이루어지고 운세도 길吉한 법입니다. 이와 같은 사람은 겉으로 보기에는 마르고 약해 보이지만, 속이 단단하기 때문에 병에 걸려 고생하는 일 또한 없습니다.

생각과 달리 근육형과 비만형은 단명短命하는 경우가 많습니다. 장수하는 사람은 대부분 겉보기에 마르고 약해 보이는 사람들입니다. 근육형과 비만형의 체형을 가진 사람은 음식을 절제하지 못하기 때문입니다. 〈주역〉에서는 그 이유를 수隨라는 말로 답하고 있습니다. '수'라는 말은 '부수적으로 따른다'는 뜻입니다. 강해 보이는 것들은 모두 부드러움에 부속되고 부드러움을 따를 수밖에 없습니다.

04 | 식사가 불규칙한 사람은
정신이 망가진다

문 問 스승님의 가르침에 따라

소식을 실천하고 있지만

일이 너무 많아 불규칙하게 먹습니다.

불규칙하더라도 소식하면 괜찮겠습니까?

답 答 식사시간이 불규칙한 사람은 비록 지금 길상吉相이라고 해
도 운세는 흉凶한 법입니다. 무슨 일이라도 성취될 것 같으
면서도 성취되지 못하고 평생 생활이 불안정하며 말년에는
더욱 나빠집니다. 식사가 불안정하면 삶 자체도 불안정하기
때문입니다.

〈주역周易〉에 '사불출기위思不出其位'라는 말이 있습니다. 생
각은 그 신분을 넘지 못한다는 말입니다. 신분을 뛰어넘어

생각하기가 어렵다는 말입니다. 달리 말하면 생활이 불규칙
하면 생각도 망가지는 법이어서, 결국 좋은 관상을 타고 태
어난 사람도 입신영달이 불가능하다는 말과도 같습니다.

식사를 잊어버리고 정신없이 뛰어다닌다는 것은 자기 스스
로 운명을 관할하지 못한다는 말입니다. 먹는 음식을 절제
하여 소식을 실천한다고 해도 불규칙한 식사는 절제를 망쳐
버립니다.

식사시간이 불규칙한 자가 대식大食하고 폭식暴食을 일삼으
면 재산도 잃고 젊어서 병으로 쓰러지게 됩니다. 거기에다
관상이 흉상이라면 죽을 장소조차 정할 수 없어 걸인 신세
로 삶을 마감하는 법입니다.

〈주역〉에 '과유불급過猶不及'이라는 말이 있습니다. 이 말은
문자 그대로 '지나친 것은 부족함만 못하다'는 뜻입니다. 지
나치게 많이 먹는 것이나 식사시간을 불규칙하게 하는 것은
모두 과도한 욕망의 표현입니다. 〈주역〉에서는 과도한 욕망
의 결과 '깊은 우물이나 어두운 무덤 속에 빠지게 된다'고 했
습니다. 큰 사업가라 할지라도 야반도주하게 되고 낯선 타향
에서 비명횡사하게 됩니다.

05 | 식사량이 들쑥날쑥하면
걸인이 되기 쉽다

문 問 스승님,

저는 음식을 절제하고 규칙적으로 먹습니다.

평소에는 잘 실천하지만 육체노동을 많이 하거나

잔칫집에 가면 많이 먹게 됩니다.

어떻게 하면 되겠습니까?

답 答 소식을 하면서도 식사량이 일정하다면 이것을 '식록食祿이

온전하다'고 말합니다. 그러나 힘든 노동을 한 후에는 많이

먹게 됩니다. 또한 동네 잔칫집에 가면 진귀한 음식을 보고

식탐을 부리게 됩니다. 그래서 '급박한 상황에 처하면 그 사

람의 본질이 나타난다'고 옛 성현들이 말을 하는 것입니다.

식탐을 부려 함부로 먹어 치우면 대부분 정서가 불안정하게

됩니다. 인간은 나약한 존재라서 항상 흔들리는 법입니다. 어떤 상황에서도 흔들리지 않는 마음을 부동심不動心이라고 합니다. 흔들릴 때마다 중심을 잡으십시오. 먹을 때마다 흔들리는 사람은 무엇을 하든 생각대로 잘되지 않습니다. 이와 같은 사람은 비록 관상이 좋고 초기에 간혹 성공을 하더라도 결국 하는 일마다 실패하게 되어 있습니다.

대식가에다 식사시간이 불규칙하면서 식사량까지 들쑥날쑥하면 정서가 불안정해서 신체가 무너지게 됩니다. 결국 큰 질병에 걸리게 됩니다. 사람의 몸은 영혼이 기거하는 집입니다. 집이 무너지면 영혼이 무너지고 영혼이 무너지면 집이 무너집니다. 이것을 우리는 '형식이 내용을 만들고 내용이 형식을 만든다'고 말합니다.

그러나 소식을 실천하면서 식사량이 일정하고 식사시간까지 규칙적인 사람은 몸과 마음이 함께 굳건한 법입니다. 영혼이 굳건하면 모든 일이 잘 풀리기 마련입니다. 배불리 먹고서는 맑은 영혼을 유지할 수 없습니다. 재산을 많이 가진 자라 할지라도 대식과 폭식을 일삼으면 재산을 오래도록 유지할 수 없게 됩니다. 나는 그런 자들을 많이 보았습니다. 걸인이 되어 길거리를 배회하는 '왕년의 부자'들도 많이 보았습니다.

06 | 바다는 대륙을 닮고 식솔은 주인을 닮는다

문 **問** 저는 스승님의 가르침을 잘 실천하고 있습니다.

그런데 식솔들은 제 마음대로 되지 않습니다.

어찌하면 좋겠습니까?

답 **答** 바다는 대륙을 닮는 법입니다. 강물을 언덕을 닮고 우물은 마을을 닮는 법입니다. 당연히 식솔들은 주인을 닮기 마련입니다. 그대는 절제하여 소식한다고 말합니다. 그러나 그대가 아무리 절제하여 소식한다고 해도 식솔들을 다그쳐서는 안 됩니다. 때가 있는 법입니다. 쉽게 흥분하거나 화난 모습을 보이면 식솔들은 반대로 가게 됩니다.

대식하고 폭식하는 여자는 여성이면서 남성처럼 식생활을 하는 셈이기 때문에 성질이 남자처럼 사나울 수밖에 없습니다. 남편 쪽의 기氣보다 더 강할 경우 결혼을 지속하지 못하게 됩니다. 그래서 나는 '소식뿐만 아니라 절제된 마음까지 본本으로 보여 주어야 한다'고 말하는 것입니다.

또한 음식을 절제하고 소식을 실천하면서도 부와 명예에 집착하는 모습을 보인다면, 식솔들도 흥분하는 마음이 생겨 온 가족이 소식을 실천하기 어려워진다는 점도 명심하십시오. 집안의 주인이 중심을 잡아야 합니다.

또한 손님이 찾아오거나 집안에 잔치가 있다거나 해서 갑자기 중심이 흐트러질 수 있습니다. 그럴 때에도 본인은 중심을 잡더라도 식솔들에게는 관대하십시오. 그러나 가능한 빨리 원래의 상태로 돌아가야 합니다. 집안 전체가 중심을 잃고 시간이 지속되면 환란이 닥쳐올 징조입니다.

07 | 마음이 흐트러지면
의복도 식사도 흐트러진다

문 問 스승님,

저는 사람을 상대하는 일을 하고 있습니다.

소식을 실천하고 있지만

외관에 많이 신경이 쓰입니다.

옷과 장식이 훌륭하면 안 되는 것입니까?

답 答 옷차림이 화려하게 보이는 사람이 있습니다. 그러면서 식사
가 무절제한 사람이 있습니다. 그런 사람은 겉보기와는 정반
대로 외관만을 꾸미는 사람입니다. 남에게 보여 주는 것에
모든 관점을 맞추고 있는 사람입니다. 남에게 보여 주기 위
해 모든 힘을 쓰는 사람은 결코 행복해질 수 없습니다. 행복
해질 수도 없고 결국 말년에 모든 것을 잃기 마련입니다.

옷과 장식이 훌륭한 것과 검소하고 깨끗한 외관을 엄격히 구분하십시오. 식사를 엄격하게 절제하는 그 마음이 절제되고 검소한 외관을 만듭니다. 그러나 식사를 절제하면서도 외관상의 겉치레에만 신경을 쓰는 사람도 있습니다. 이는 마음이 아직 덜 엄격하기 때문입니다.

'귀인貴人에게는 식食이 있고 소인小人에게는 식食이 없다'는 말이 있습니다. 이 말은 인품이 훌륭한 귀인은 식사도 규칙적이고 소식하는 데 반해, 인품이 천한 소인은 대부분 불규칙하게 먹고 폭식한다는 말입니다. 그래서 '귀인은 음식을 통해 천명天命을 얻고, 소인은 음식을 통해 병病을 얻는다'고 하는 것입니다. 소식을 실천하면 천한 태생이든 흉한 관상이든 스스로 귀인이 될 수 있습니다.

소식하는 사람이라 해도 소인이 있고 귀인이 있습니다. 옷과 장식이 화려한 사람이라 해도 소인이 있고 귀인이 있습니다. 그러나 소식하면서 항상 외관이 검소하고 깨끗한 사람 중에 소인은 없는 법입니다.

08 │ 밥 한 그릇에
반찬 하나로 식사하라

문 問 스승님,

저는 항상 조식粗食을 실천하고 있습니다.

술과 고기를 멀리하고 조식하면

많이 먹어도 괜찮겠습니까?

답 答 절제하여 소식하며, 술과 고기를 멀리하고, 곡식과 채소로
검소한 조식粗食까지 실천하는 사람은 천수天壽를 다하고 죽
는 법입니다. 따라서 죽을 때까지 주위의 사람들에게 폐를
끼치는 일이 없습니다.

곡물과 채소를 즐기지만 그것을 항상 대식하고 폭식하는 사
람이 있습니다. 이런 사람은 비록 세상의 신분이 귀할지라도
미천한 자에 속합니다. 이런 사람은 말년에 관상이 흉凶하게

변하여 질병으로 식솔들에게 고생을 시킵니다.

그대의 신분이 귀하든지 미천하든지 일반일채 飯一菜를 실천하십시오. 즉 밥 한 그릇에 반찬 한 그릇으로 식사를 하십시오. 소식과 조식을 동시에 실천하면 일찍 죽는 법도 없고 가난하게 사는 법도 없습니다. 부와 명예를 얻지 못하더라도 흔들림 없이 나아갑니다. 부와 명예를 얻지 못하더라도 바위 틈에 자리를 잡은 소나무처럼 말이 없습니다. 나는 많은 제자들에게 이 말을 전했지만 진정으로 깨달은 사람은 거의 없습니다.

항상 음식을 절제하여 소식하는 사람이라면 굳이 조식할 필요는 없습니다. 신분이 높은 사람은 어쩔 수 없는 경우가 많기 때문입니다. 신분이 높음에도 불구하고 절제하는 마음으로 소식에 조식까지 실천한다면 그 집안은 오래오래 번창하게 됩니다. 이와 같은 마음가짐을 가진 사람이 진정한 귀인입니다. 이런 귀인은 부모로부터 물려받은 재산보다 더 많은 부와 명예를 그 자손에게 남기는 법입니다. 평생 잔병이 없고 장수하는 것은 당연합니다. 나는 이런 사람을 많이 보았습니다.

09 | 평생 먹을 음식을
100년에 나누어 먹으면 100년을 산다

문 問 스승님,

저는 어렸을 때

일찍 죽을 관상이라고 들었습니다.

그런데 벌써 오십이 되었습니다.

관상이 틀린 것입니까?

답 答 오십 전에 죽을 관상을 가진 사람이 있습니다. 이런 사람도
절제하여 소식하면 반드시 장수하게 되어 있습니다. 그렇지
만 어쩔 수 없는 것이 있는데 이를 방재方災라고 부릅니다.
재앙으로 인한 불운을 이르는 말로 인간이 어쩔 수가 없는
것을 말합니다. 이때는 하늘의 도움이 필요합니다. 하늘에
덕德을 쌓은 사람만이 하늘의 도움을 받을 수 있습니다.

인간의 생명은 본래 음식을 근본으로 하고 있기 때문에 항상 절제하여 소식을 실천하면 병에 걸리는 법이 없습니다. 그러나 재앙으로 인한 불운인 방재의 경우는 다릅니다. 방재에 걸린 사람에게는 약이 효과가 없습니다.

그렇지만 소식하는 사람은 밥그릇을 줄여 천지에 바치고 가난한 사람에게 베풀었기 때문에 하늘에 덕德을 쌓는 결과가 됩니다. 따라서 방재가 있다 해도 죽는 법이 없습니다. 나는 이와 같은 사람의 관상도 여러 번 본 적이 있습니다. 그래서 더욱 자신 있게 말할 수 있습니다.

보통 50세 이상의 사람이 큰 병에 걸렸을 때는 위험합니다. 장수의 관상에다 혈색이 좋다 하더라도 항상 식탐을 부려 대식하는 사람은 더 위험합니다. 수명은 남아 있어도 그 사람이 일생 동안 먹을 식량을 다 소비했기 때문입니다.

그래서 수명이 길고 짧은 것은 사람의 인상人相과 골상骨相으로만 판단하기 힘든 것입니다. 그러나 이때 그 사람이 평소 어떤 식생활을 하고 있는가를 판단하면 백발백중 틀리는 법이 없습니다. 따라서 환자의 관상을 볼 때에는 먼저 식사에 관한 것을 질문해야 하는 법입니다.

사람이 세상에 나올 때에는 반드시 평생 먹을 양만큼의 식복食福을 가지고 태어납니다. 그렇기 때문에 대식하고 폭식하면 수명이 줄어들 수밖에 없습니다. 평생 먹을 양을 30년 만에 다 먹으면 30을 살고 100년 동안 나누어 먹으면 100년을 살게 됩니다.

그대는 일찍 죽을 관상을 가졌는데도 아직 살아 있습니다. 그것은 그대가 소식으로 건강이 좋아졌다는 이유와 함께, 그 남은 식량을 남에게 베풀어 하늘에 덕德을 쌓았기 때문입니다. 옛말에 '적선지가필유여경積善之家必有餘慶'이라는 말이 있습니다. 남에게 적선하면 집안에 반드시 경사로움이 있다는 말입니다. 그대가 소식을 실천한 것은 남에게 베푼 것이고 하늘에 덕을 쌓은 것이므로 천수를 누릴 것입니다.

10 | 교만한 마음이 미식가를 만든다

문 問 스승님,

저는 항상 소식을 실천하고 있습니다.

맛있는 음식이라도 소식을 실천하면

무병장수할 수 있습니까?

답 答 무병無病의 관상을 갖고 있다 해도 젊을 때부터 맛있는 음식을 탐하는 미식美食에 빠져 헤어나지 못하면, 늙어서 장이 뒤틀리는 질병에 걸려서 먹고 싶어도 먹을 수 없는 지경에 빠지게 됩니다. 이것을 업병業病이라 부릅니다.

상相의 길흉과는 상관없이 젊었을 때부터 미식을 하는 자는 늙어서 음식을 먹을 수 없는 질병에 걸립니다. 더구나 미천한 사람이 신분에 맞지 않게 3년 동안 미식을 하면, 젊음이 다하기 전에 생명을 잃게 됩니다.

관상이 대단히 좋더라도 젊을 때부터 미식을 삼가야 합니다. 미식이란 음식에 대한 교만하고 사치하는 마음 때문에 생깁니다. 젊어서 부와 명예를 가지면 교만한 마음을 가지게 되는 것이 인지상정입니다. 가장 잘나가는 때가 가장 위험한 때라는 사실을 명심해야 합니다.

미식하는 가운데서 가운家運과 재보財寶가 흥興한다 할지라도, 대를 이을 자식이 없다거나 있던 자식이 부모보다 먼저 죽는 일을 당하게 됩니다. 입신출세하였다 하여 미식과 대식과 폭식을 일삼는 자는 그 운이 서서히 기울어 마침내 직업 없이 떠돌아다니다가 행방불명이 됩니다. 나는 그런 사람을 많이 보았습니다.

미식하고 대식하는데도 나름대로 복운福運이 있어서 집에서 죽는다 해도, 죽을 자리에 누웠을 때 가족을 아주 힘들게 하고 큰 고통을 받다가 죽는 경우가 허다합니다. 더구나 가난하고 관상이 나쁜 사람의 경우, 길거리를 떠돌다가 임종을 지켜봐 주는 사람도 없이 비명횡사하게 됩니다.

11 | 음식을 다스리면
운기가 따라온다

문 問 스승님,

저는 기운이 들쑥날쑥합니다.

흥분도 잘하고 우울할 때도 많습니다.

이는 어떤 까닭입니까?

답 答 중년이 될 때까지 식생활에 절도가 없는 사람은 뜻하지 않은 질병에 걸리거나 평생 마음 썩이는 일이 끊이지 않는 법입니다. 비록 관상이 좋은 사람일지라도 말년에 운기運氣가 쇠퇴하여 마침내 회복할 수 없게 됩니다. 그래서 '기氣는 식食에 준한다'는 말이 나온 것입니다.

'원기元氣가 왕성하다'는 말에서 기氣라는 것은 오장육부의 활동능력을 말합니다. 당연히 원기는 '어떤 음식을 어떻게 먹느냐'에 의해 좌우됩니다. 기를 뜻하는 한자 기氣를 보면 사람人이 쌀米에 의존한다는 사실을 알 수 있습니다.

따라서 식食이 정해져 있지 않으면 기氣도 다스릴 수 없습니다. 우리가 매일 먹는 음식의 양과 종류를 일정하게 하고, 시간을 엄격하게 정하지 않으면 사람의 원기가 쇠퇴되고 하늘의 기운 또한 쇠퇴됩니다. '식食을 정正'하는 일을 모든 것의 근본으로 삼으십시오. 식이 정해지면 기도 스스로 침정沈靜되고 기가 침정되면 마음도 스스로 다스려집니다. 마음을 다스리는 자만이 천하를 얻을 수 있습니다. 모든 사람이 천하를 다스릴 수는 없지만, 천하를 다스리는 사람은 모두 마음을 다스리는 사람입니다.

이와 같이 신중하게 처신하고 절제하면 나이 들어 흉악凶惡의 운세를 피할 수 있습니다. 비록 젊어서 식탐을 부려 과식을 일삼았다고 하더라도 중년부터 3년을 절제하여 소식을 실천하면, 노년에 병들어 굶어 죽는 악상惡相을 피할 수 있습니다.

12 | 무자식의 관상이라도
음식을 절제하면 후사를 얻게 된다

문 問 스승님,

저는 무자식의 관상이라 들었습니다.

그래서 아직 젊지만 아이가 없습니다.

후사後嗣를 얻을 수 있겠습니까?

답 答 자식을 얻을 수 없는 무자식의 상相이라도 젊었을 때부터 대식하지 않고 음식을 절제하며 소식을 실천하는 자는 반드시 좋은 후사後嗣를 얻는 법입니다. 젊어서부터 소식하면서 평생 절제한 사람은 늙어서 많은 자손의 축복을 받을 수 있습니다. 또한 죽고 난 후에도 그 사람의 영혼을 위로해 주는 자식들이 많게 마련입니다. 재산이 많아도 자식이 없으면 남보기에 궁색窮塞하고 처량하게 보입니다.

복상福相을 갖고 있는 사람이라 할지라도 음식에 대해 교만한 자는 재산이 저절로 없어지기 마련입니다. 복상을 가진 사람이 가난한 자보다 더 음식을 절제하고 귀하게 여기면 말년까지 부와 명예를 보존할 수 있습니다. 만사萬事가 충만할 때가 가장 위험한 때입니다. 이것이 우주의 심오한 진리입니다.

'복이 많다'고 하는 복福은 '뒤집어진다'는 복覆으로 변할 수 있음을 명심해야 합니다. 충만할 때 가난으로 전복顚覆될 수 있다는 말입니다. 따라서 교만을 멀리하고 매사에 조심하고 또 조심을 해야 합니다.

100세 넘게 사는 장수長壽의 관상을 가졌다 할지라도 식탐食貪을 부려 대식하면 장수할 수 없습니다. 하늘의 뜻을 어겼기 때문입니다. 욕심이 사망을 낳는 법인데 그 욕심의 근원은 식탐입니다.

빈궁한 상을 가진 빈상貧相에다가 단명短命의 상을 가졌다 해도 자기보다 낮은 신분의 사람들이 먹는 거친 음식으로 조식을 하고 소식까지 더하면, 빈상도 단명의 상도 저절로 없어지는 법입니다. 나는 관상을 보며 이런 사람을 수도 없이 많이 보았습니다.

음식을 먹는 일에 절제하는 사람은 사람을 다루는 일이나 돈을 모으는 일에 대해서도 신중하고 소홀히 하는 법이 없습니다. 따라서 하늘이 그 사람에게 배당해 준 복福이 연장되므로 명命도 자연히 연장되는 법입니다.

게으르고 교활하며 술과 고기를 즐기는 자는 떠돌이 유민流民의 상을 가진 자에게 많습니다. 떠돌이 유민들은 언제라도 굶을 수 있다는 것을 알기 때문에 눈앞에 보이는 음식을 모두 먹어 치웁니다. 이런 사람은 음식뿐만 아니라 자기의 재산과 생명까지 먹어 치우는 인물입니다. 식탐을 조절하지 못하는 품성으로는 성공을 기대할 수 없습니다. 소식은 모든 부와 장수의 근본이라는 점을 명심하십시오. 음식을 두려워하십시오. 생명을 살리기도 하지만 모든 것을 빼앗아 가는 두려운 존재라는 점을 한시라도 잊어서는 안 됩니다.

사람들은 흔히 돈을 가장 우선으로 여기지만 곡식보다 더 중요한 것은 없습니다. 먹지 않으면 생명도 없기 때문입니다. 옛날 왕들이 신하의 봉급俸給을 금과 은으로 정하지 않고 곡식으로 정한 것도 이 때문입니다. 그래서 임금도 금과 은을 기원하지 않고 오곡의 풍작을 기원했던 것입니다. 곡식이 없으면 임금도 없고 나라도 없다는 사실을 왕들은 잘 알고 있었습니다. 식량이 부족하면 망국의 길에 이릅니다.

그대가 식탐을 부려 대식하면 할수록 그대의 수명도 줄어들고 후사를 얻을 수 없게 됩니다. 백성의 숫자도 줄어들고 나라의 수명도 그만큼 줄어듭니다.

13 │ 식탐을 부려 폭식하면 악한 관상으로 변한다

문 問 스승님,

저는 항상 소식을 실천하지만

어느 정도가 소식인지 혼란스럽습니다.

가르침을 얻고 싶습니다.

답 答 되풀이하여 말하지만 식食은 생명의 근본입니다. 매일 먹는 음식을 일정하게 정하여 규칙적으로 행하는 것을 보통 '식食을 정正한다'고 말합니다. 사람의 인상人相, 골상骨相, 수상手相 등에는 원래 길흉吉凶이 없습니다. 상相에 운명이 정해져 있다는 저잣거리의 관상가들을 멀리하십시오. 관상은 하늘의 이치와 만물의 이치를 반역할 수 없습니다. 그 이치란 '모든 것은 변한다'는 원리입니다. 만물이 변하는데 어찌 관상인들 변하지 않겠습니까?

다만 소식을 규칙적으로 행하면 악상惡相이 선상善相으로 바뀌고 식탐을 부려 대식하고 폭식하면 선상이 악상으로 변합니다. 이때 소식의 기준은 옛날부터 복팔분腹八分으로 정해놓았습니다. 복팔분이란 배 속을 8할만 채우는 것입니다. 다른 말로 하면 '조금 더 먹고 싶을 때 젓가락을 놓는 것'입니다.

나는 복팔분보다 복육분腹六分을 주장합니다만 이것은 현자賢者의 경지라서 실천이 무척 어렵습니다. 우선 복팔분을 실천하십시오. 복팔분이란 단순히 조금 덜 먹는 일이 아니라 욕심을 내려놓는 일이기도 합니다. 복팔분하듯이 모든 사람을 겸허히 대하고 모든 일에 조심한다면 부와 명예가 어찌 다른 곳으로 도망가겠습니까? 설사 부와 명예를 얻지 못한다 한들 무슨 부족함이 있겠습니까? 이것이 이 책에서 내가 말하는 속뜻인데 세상 사람들은 이 뜻을 잘 알지 못해 나는 안타깝습니다.

식탐을 부려 대식하는 사람이 병을 앓기 시작하면 식욕이 떨어져 제대로 먹지 못합니다. 그러나 소식으로 절제해 온 사람은 병으로 앓는 일도 없고, 앓는다고 해도 먹지 못하는 법이 없습니다. 대식하는 사람은 하늘이 내려 준 식록食祿이

바닥이 났기 때문에 일찍 죽습니다. 생명이 있어도 먹지 못하는 상태로 오래 고생하다가 죽습니다. 그러나 소식하는 사람은 하늘이 내린 식록이 아직 남아 있기 때문에 먹을 수가 있습니다. 생명의 불빛이 꺼져 가다가도 다시 살아납니다. 식록이 다할 때까지 절대 일찍 죽는 법이 없습니다. 나는 이런 사례를 평생 수없이 보았습니다.

14 | 육체노동자는 대식도 무방하다

문 問 스승님,

저는 육체노동에 종사합니다.

몸을 많이 움직이기 때문에 소식이 힘듭니다.

어찌하면 좋겠습니까?

답 答 농사를 짓는 농부農夫나 물건을 만드는 공인工人이나 훈련을 하는 군인軍人 등, 육체를 많이 움직이는 사람은 대식大食을 해도 무방합니다. 육체노동을 하는 사람은 얼핏 보기에 자기 자신을 위해 일하는 것 같지만, 사실은 세상의 모든 사람을 위해 일하는 것입니다. 자기의 몫 이상으로 대식하지 않으면 그 일을 해낼 수가 없습니다. 따라서 하고자 하는 일의 강약에 따라 먹는 음식의 많고 적음을 정해야 합니다.

그러나 비록 대식해야 하는 육체노동자라 하더라도 남보다 음식을 절제하는 자는 얼마 안 가서 육체노동에서 해방되고 입신출세하게 됩니다. 육체노동자 중에 입신출세하는 사람이 많은데 이들은 모두 음식을 절제한 사람들입니다. 나는 이런 경우를 많이 보았습니다.

육체노동자는 일을 해서 많이 벌기도 하지만, 매일 대식하기 때문에 하늘과 땅 모두에게 음식의 빚을 지고 있습니다. 그래서 평생 일하지 않으면 안 됩니다. 가난한 사람이 빌린 돈을 갚기 위해 매일매일 일하지 않으면 안 되는 것과 같은 이치입니다. 그래서 하늘과 땅과 사람은 일체인 법입니다. 그러나 열심히 일하고 대식하는 자라도 검약儉約을 지키는 사람은 하늘에서 주어진 식록食祿이 연장되는 법인데 이것을 여록餘祿이라 합니다. 이런 사람은 비록 육체노동자라도 여생을 편히 지낼 수가 있습니다.

15 | 돈을 소홀히 하면
돈에게서 버림받는다

문 問 스승님,

저는 소식을 실천하면서

돈도 많이 버는 축에 속합니다.

그런데도 돈이 모이지 않는데

어떤 연유입니까?

답 촙 복상福相을 가진 자라도 금전金錢을 함부로 취급하는 자는 반
드시 재산을 잃는 법입니다. 삼화三貨라고 불리는 금은동金
銀銅의 세 가지는 집안뿐만 아니라 국가 경제의 도구입니다.
세 발 달린 솥에서 각자 한 발씩의 구실을 하며 솥을 떠받칩
니다. 따라서 금이 귀하다고 은을 소홀히 할 수 없고 동이 흔
하다고 함부로 다루면 큰 화가 닥칩니다.

삼화인 금은동 중에서 하나라도 부족하면, 집의 굴뚝에서 연기가 나오지 않는 것과 같이 국가의 경제활동도 정지하고 마는 법입니다. 가령 만 냥에서 한 냥만 부족해도 그 돈이 만 냥으로 통용되지 못합니다. 따라서 한 냥이라 할지라도 그 덕德은 만 냥과 같습니다.

돈이라는 것은 세상과 사람을 위해서 매일 밤낮으로 천하를 돌고 도는 법입니다. 돈은 부모가 자식을 생각하듯이 세상을 어루만집니다. 따라서 작은 돈을 소홀히 하는 자는 부모의 은혜를 분별하지 못하는 자와 같아서 언젠가는 돈으로부터 버림을 받게 됩니다.

돈이란 것은 사람과 같이 인격을 가지고 있습니다. 사람을 소홀히 대하면 사람이 도망가듯이 돈도 다른 사람에게로 도망갑니다. 작은 돈을 소중히 대하면 자기를 잘 돌보아 주기를 기대하며 많은 돈이 그 사람에게 모입니다.

세상에서 가장 쉬운 것이 돈을 버는 일입니다. 저잣거리에 나가면 누구나 한 푼이나마 돈을 벌 수 있기 때문입니다. 그 다음 어려운 일이 돈을 모으는 일이며 가장 어려운 일이 그 돈을 유지하는 일입니다. 절제하지 않는 자는 절대 돈을 모을 수도 없고 유지할 수도 없습니다.

재화를 모으려는 사람은 항상 적은 돈이라도 군주와 같이 존경하고 한 냥이라도 소홀히 해서는 안 됩니다. 또한 돈을 지불할 때에는 마음속으로부터 이 돈이 다른 곳에서 귀하게 쓰이길 바라는 존경의 마음으로 지불해야 합니다. 그러면 빈궁한 빈상貧相이라도 많은 재화를 모을 수 있습니다.

사람은 자기를 아껴 주고 존경하는 곳으로 찾아갑니다. 자기를 함부로 대하는 사람에게는 찾아가기도 싫고 찾아가더라도 오래 머물지 못합니다. 돈도 이와 똑같이 운행된다는 사실을 명심하십시오.

지금 가난한 사람은 돈을 소홀히 취급한 사람입니다. 부자였다가 재산을 잃은 자도 거의 예외 없이 돈을 소홀히 취급한 사람입니다. 많은 돈을 가진 재산가들은 한 냥의 돈이라도 소홀히 하는 법이 없습니다. 그들은 적은 음식도 소중히 대하며 적은 돈도 존경하는 사람들입니다.

검약儉約으로 유명한 사람 중에 우에스기요잔上杉鷹山이라는 영주領主가 있었습니다. 그는 요네자와米澤 지역의 영주가 되자마자 사치스럽고 방만한 재정을 재정비하기 위해 다음과 같은 검약령儉約令을 발표했습니다.

- 공식행사 이외에는 무명옷만을 입는다.
- 평소 반찬은 국 한 그릇과 나물 한 가지로 한다.
- 설날에는 국 한 그릇과 나물 두 가지로 설을 맞이한다.
- 1,500냥의 의식대衣食代를 200냥으로 줄인다.
- 영주의 하녀 50인을 9인으로 줄인다.

그 밖에 먹을 수 있는 초목이나 대용식에 대해서 상세히 기술한 〈요네자와양식米澤糧食〉이라는 책을 집필하여 백성들에게 배포했습니다. 그러나 이런 개혁에 많은 반발이 일어 벼슬아치들과 백성들의 원성을 샀습니다. 그 후 얼마 가지 않아서 일본 역사상 전무후무한 대기근이 일본열도를 엄습하여 전국 각지에서 굶어 죽은 사람이 속출했습니다. 그러나 요네자와 지역에서는 한 사람의 아사자餓死者도 내지 않아 명군名君이란 찬사를 받았습니다.

16 | 저잣거리의 정신병자는 모두 음식 때문이다

문 問 스승님,

저잣거리의 걸인들은 음식을 잘 먹지 못합니다.

어쩔 수 없이 적게 먹는데도 정신병자가 많습니다.

그 연유를 말씀해 주십시오.

답 答 정신착란증의 경우 대부분 다식多食하는 자들에게 나타납니다. 음식을 규칙적으로 먹고 소식하는 사람은 정신병이 일어나지 않습니다. 그러나 저잣거리의 걸인들은 항상 음식을 탐食하기 때문에 평소에 굶다가도 음식이 생기면 게걸스럽게 먹어 치웁니다. 이들이 비록 살기 위해 먹는 것이라 할지라도, 규칙을 정해서 먹지 않기 때문에 항상 흥분된 상태로 탐심食心을 가지고 살아갑니다.

이처럼 정신착란증의 관상을 난상亂相이라고 말합니다. 난상에다 음식까지 함부로 하는 자는 반드시 정신병을 일으키게 되어 있습니다. 이를 '여우의 혼이 붙었다'고 합니다. 마치 여우처럼 이상하게 우는 것을 빗대어 하는 말입니다. 정신병을 가진 사람은 아무 때나 혼자서 중얼거리고 여우처럼 울기 다반사입니다. 그러나 이처럼 여우가 달라붙은 난상이라도 100일 동안 하루 세끼의 밥 이외에 일절 주지 않고 소식을 실천하게 하면 여우는 결국 도망가고 맙니다.

이처럼 무서운 병으로 몇 년 동안 앓고 있는 중환자라도 소식과 조식을 실행하면 고칠 수 있습니다. 이것은 붙어 있는 여우가 떨어져 나가는 것이 아니고, 음식을 바르게 함으로써 정신이 바르게 되고 간기肝氣가 다스려지기 때문입니다. 간기란 간肝의 정기精氣입니다. 간의 정기는 눈과 통해 있는데 간기가 고르면 눈이 맑아집니다. 눈이 맑아진다는 것은 정신이 맑아진다는 뜻입니다. 이처럼 음식을 먹는 일은 정신을 바로 세우는 일이라는 사실을 명심하십시오.

17 | 자기 신분보다 낮은 음식을 먹으면 더 높은 관직에 오른다

문 問 스승님께서는

자기 신분을 넘는 음식이

출세를 막는다 하시는데

이는 무슨 뜻인지 가르침을 주십시오.

답 答 자기 신분 이상의 사치스러운 음식을 먹는 자는, 비록 출세의 상을 가지고 있더라도 그렇게 되지 못합니다. 음식은 반드시 자기의 신분과 분수에 맞추어 절제해야 하는 법입니다. 군주나 장군도 그 나름대로의 밥상이 있습니다. 고관高官도 자기의 신분에 맞는 밥상이 정해져 있습니다.

벼슬이 미천한 자가 고관대작의 음식을 먹으면, 밥상이 이미 고관대작의 위치에 있는 것과 같기 때문에 고관대작이 될 수도 없고 작은 벼슬마저 잃게 됩니다. 그러나 중간 벼슬에 있는 사람이 자기 신분보다 낮은 음식을 즐겨 먹는다면, 자기의 봉록俸祿이 그만큼 올라가는 결과가 됩니다. 이런 자는 후일 더 높은 관직에 오를 수 있습니다.

매일 열심히 일하여 번 돈을 모두 먹어 치우는 데 쓰는 자는 절대 입신출세를 할 수 없습니다. 음식을 절제하고 검약하여 하늘에서 주어진 식록食祿을 조금이라도 연장해야 합니다. 거기서 생긴 여유를 발판으로 입신출세하는 것 이외에는 다른 방법이 없습니다.

좋은 옷을 입고 먹고 싶은 음식을 다 먹고, 하고 싶은 일을 다 한 다음에 입신출세하고자 하는 사람은 참으로 어리석은 사람입니다. 음식과 물건이 없음으로 해서 일이 충족된다는 사실을 명심해야 합니다. 음식과 물건이 충족되면 벼슬이 충족되지 않습니다. 물건도 충족되고 벼슬도 충족되는 일은 세상에 없는 법입니다.

18 | 분수 넘게 먹는 자는
하늘이 모든 것을 거둬들인다

문 問 스승님,

저는 사람들에게 진 빚이 없습니다.

대식大食하면 하늘에 빚을 진다는데

무슨 뜻인지 가르침을 주십시오.

답 答 인격이 뛰어나거나 인격이 천한 것은 모두 음식을 절제함에 따라 결정되는 법입니다. 이름 높은 고승高僧들이 세상 사람들로부터 존경을 받는 것은 그 스님이 대체로 음식을 두려워하여 절제하고 삼가기 때문입니다.

자기 분수 이상으로 먹는 자는 매일 하늘에 대해 빚을 지고 있는 것과 같습니다. 먹어 치운 음식은 모두 똥오줌으로 변할 뿐입니다. 하늘이 내려 준 빚을 어떻게 갚을 것입니까? 빌려준 이가 사람이라면 독촉이라도 하지만, 하늘은 독촉도 없이 조용히 부와 명예와 수명을 거둬들이고 맙니다.

결국 부와 명예를 남겨 두고 자연히 죽을 수밖에 별도리가 없습니다. 자기 대代에서 거둬들이지 못하면 그의 자손으로부터 거둬들입니다. 그 자손에게서도 거둬들이지 못하면 그 집안을 망하게 하고 완전히 단절시켜 버립니다. 빌린 것을 갚는 것은 하늘과 땅의 이치입니다. 이 자연의 이치를 항상 마음에 새겨 두십시오. 자기 분수에 맞지 않게 대식을 하는 자에게는 항상 재액災厄이 뒤따릅니다. 이는 하늘이 그대를 훈계하기 위해, 그대가 빚진 것을 거둬들이는 현상입니다.

19 | 액운이 낀 해에도
이를 무력화시킬 수 있다

문 問 스승님,

액운厄運이 낀 해에

액난을 피할 수 있는 방법은

무엇이 있겠습니까?

답 答 액厄이 있는 해에 큰 난리를 겪는 관상이라도 항상 음식에
교만하지 않고 엄격히 절제하는 사람은 액난厄難을 피할 수
있습니다.

인간은 생후 3살까지, 그리고 41살부터 43살까지가 운수가
사나운 액년厄年입니다. 액년의 난難에서 벗어나기 위해서는
액년이 시작되기 3년 전부터 자기가 믿는 신神에게 기도해
야 합니다. 그 기도에는 형식이 있습니다. 자기가 먹을 음식

에서 반 그릇을 줄여서 이것을 신에게 헌납하는 것이 바로 그 형식입니다. 신에게 헌납한 후 기도를 마치면 그것을 배고픈 사람들에게 나누어 주십시오.

여기에서 반 그릇이란 하루에 반 그릇이 아니라 매끼 중에서 반 그릇을 바친다는 말입니다. 이것을 계속하면 반드시 액난에서 벗어날 수 있습니다. 이것을 계속하면 단명短命은 장명長命으로 변하고, 빈貧은 복福으로 변하게 됩니다. 그러나 불행하게도 대식을 하는 사람에게는 이런 일이 일어나지 않습니다. 가까운 시일 안에 대단히 좋은 일이 찾아올 것 같은 혈색이나 관상이 나타난다고 해도 실현되는 경우가 거의 없습니다.

술이나 고기를 많이 먹어 비만한 자는 평생 동안 출세할 수 없습니다. 음식을 절제하지 않으면 모든 사람의 말년은 흉凶한 법입니다. 술과 고기를 많이 먹는 자는 살이 쪄 후덕하게 보일 수 있지만, 주육酒肉으로 혈액의 양이 증가하고 정신이 이완되었기 때문에 그렇게 보일 뿐입니다. 관상을 오래 본 고수들은 이것을 금방 눈치챌 수 있습니다.

몸과 영혼은 집과 주인의 관계와 같습니다. 주인이 방탕하면 집이 똑바로 설 수 없습니다. 절제하는 자는 영혼이 흐트러지는 일이 없기 때문에 육체도 저절로 굳건한 법입니다. 영혼이 흐트러진 자가 출세와 영달을 이룬 예를 나는 아직 한 번도 본 적이 없습니다.

술과 고기를 먹지 않더라도 미식美食하고 대식大食하는 자는 섭취한 음식이 몸에서 썩어 집이 무너지기 때문에 출세와 영달을 이룰 수 없습니다. 대식하여 배가 부르면 기분이 무겁고 잠이 오기 마련입니다. 잠이 깬 뒤에도 몸이 무겁고 머리도 맑지 못합니다. 이러한 현상들은 모두 과식에 의해 심기心氣가 풀려 일어나는 것입니다. 심기가 풀리면 근육도 풀어지게 됩니다. 이는 집의 기둥과 대들보가 흔들리는 것과 같습니다. 대식하면서도 점차 여위는 사람도 있습니다. 이는 음식 때문에 병이 생겨서 죽기를 기다리는 사람입니다.

20 | 산속에 선인이 많은 것은 음식 때문이다

문 問 스승님,

첩첩산중에 장수하는 사람과

선인仙人이 많은 이유는 무엇입니까?

답 쏨 육식을 좋아하고 대식大食하는 것은 모두가 눈앞의 욕심 때문입니다. 욕심이 사망을 낳는 법입니다. 그와 같은 사람은 장수한다고 해도 병으로 누워 있는 시간이 길게 이어집니다. 병에 시달리고 자손들에게 염려를 끼치면서 누워서 장수하는 것을 어찌 진정한 장수라고 볼 수 있겠습니까? 재산을 쌓아 놓고 수십 년 병석에 누워 있는 사람들을 많이 보았는데 이들은 모두가 육식과 대식을 즐겼던 자들입니다.

복잡한 도시에 살면 미식美食도 즐기고 육식肉食도 많이 하게 되어 있습니다. 산 동물을 죽여서 그 살을 많이 먹으면 교만해지고 악한 마음, 즉 악심惡心이 생깁니다. 그러나 항상 곡식과 채소 중심의 조식粗食을 하는 사람에게 악심이 생기는 일을 나는 평생 보지 못했습니다. 그래서 첩첩산중에 영혼이 맑은 선인善人이 많고 복잡하고 욕심이 많은 도시에 악인惡人이 많은 것입니다.

육식으로 대식하는 도시 사람은 단명합니다. 곡채식穀菜食을 하는 산촌 사람들은 장수합니다. 물론 육식을 절도 있게 하고 아주 소량만 먹을 때에는 장수할 수도 있습니다. 이것은 새와 짐승들이 사람에게 먹힘으로써 그 역할을 다하는 셈으로 이것을 자비행慈悲行이라 부릅니다.

21 | 부모가 절제하면
자녀의 빈상도 복상으로 변한다

문 問 스승님,

자식들이 잘되게 하려고 방생放生을 하려 하는데

방생을 하면 덕을 쌓을 수 있겠습니까?

답 答 자녀의 관상이 궁색해 보이는 빈상貧相으로 태어났더라도
그 부모가 음식을 절제하면 그 관상이 변하게 됩니다. 부모
가 하는 행위에 따라 자녀의 관상이 악상惡相에서 복상福相으
로 변하는 것이 하늘의 이치입니다. 자녀에게 부모가 본本이
기 때문입니다. 사람들은 자녀의 출세를 위해 음덕陰德을 쌓
으려고 자선사업이나 방생放生을 하기도 합니다. 그러나 이
런 것들은 다른 사람들에게 보여 주려는 행위이기 때문에
진정한 의미의 음덕이라고 말할 수 없습니다. 진정한 음덕이
란 말 그대로 보이지 않는 곳에서 덕을 쌓는 것을 말합니다.

진정한 음덕을 쌓으려면 매끼의 식사에서 반 그릇을 덜어 내어 가난한 사람에게 먹이면 됩니다. 자기 자신 외에는 아무도 이를 아는 사람이 없기 때문에 이것을 진정한 음덕이라고 합니다. 오직 자신과 하늘만 아는 음덕이 참된 음덕이라 할 수 있습니다. 매끼마다 한 숟가락의 음식이라도 덜어내어 남을 도우면, 자신뿐만 아니라 자식의 빈상도 복상으로 변하는 것이 자연의 이치입니다.

나니와浪花라는 고장에 주희住喜라는 사람이 살고 있었습니다. 그는 젊었을 때 도박을 하며 살던 방탕한 사람이었습니다. 내가 이 사람의 관상을 보니 지극히 빈궁의 상으로 머지않아 몸이 불구자가 되는 상까지 보였습니다. 그러나 이 사람은 내 말을 듣고 실천을 시작했습니다. 어느 날부터 물건을 소홀히 하지 않고 사치하는 법도 없이 항상 절제하면서 죽을 즐겨 먹었습니다. 또한 강에 떠내려가는 물건이나 땅에 떨어져 있는 것을 주워 와서 땔감으로 사용할 정도로 잘못된 과거를 자숙自肅하며 살았습니다. 그는 무학이었지만 서서히 덕을 쌓게 되었고, 본인은 물론 자녀들의 악상까지 복상으로 변했습니다. 사람의 얼굴에 나타나는 관상도 변하고 손바닥의 수상手相도 끊임없이 변하는 것이니 함부로 말할 수 없습니다.

절제함이 없이 항상 대식하는 자는 불효자입니다. 효도하고 싶은 마음이 있다고 해도 몸에 병이 생겨 부모로부터 받은 자기 육체를 손상하기 때문입니다. 신체발부身體髮膚를 손상하지 않는 것이 효도의 시작입니다. 따라서 대식은 불효의 시작인 것입니다.

또한 부모에게 커다란 효를 실천하지 못하더라도 음식을 절제하여 소식하는 자는 진정한 효도를 실천하는 사람입니다. 〈효경孝經〉을 가르치는 대학자라고 해도 음식을 절제하지 않고 함부로 해서 병이 든다면 그것이 불효가 아니고 무엇이겠습니까? 진정으로 평생 음식을 절제하는 사람은 어려운 경전을 통해 도道를 배우지 않아도, 그 사람 자체가 비로소 도를 이루었다 할 수 있습니다.

관상의 길흉吉凶에 관계없이 자기가 장차 출세할 것인가를 알고 싶으면, '내가 음식을 절제하는 사람인가'를 확인해 보면 됩니다. 음식을 절제하고 삼가는 것이 몸과 마음을 다스리는 근본이고, 몸과 마음을 다스리지 않으면 세상의 뛰어난 인물이 될 수 없습니다. 음식에 마음이 끌리고 집착하여 식탐을 부리는 사람은 비록 복상을 가지고 태어났더라도 식충食蟲으로 변하여, 금수禽獸와 같이 될 대로 되는 삶을 살아가게 됩니다.

22 | 가난을 수치로 여기면 허세가 뒤따른다

문 問 스승님,

저는 가난하지만

절제하는 마음으로 살고 있습니다.

그런데도 자꾸 수치심이 생깁니다.

어찌하면 이를 버릴 수 있겠습니까?

답 答 가난함을 수치로 여기는 그 마음이 문제입니다. 수치의 마음은 그 속에 욕심이 자리 잡고 있기 때문입니다. 바로 그 욕심에서 모든 불행이 시작됩니다. 자신의 가난함을 수치로 여기면 허세를 부리고 겉치레를 하게 되는 법입니다. 가난을 긍지로 여기지 않고 수치로 여기면 그 가난함이 최악의 상황으로 추락하게 됩니다. 남에게 보이고자 하는 겉치레를 추구하지 말고, 청빈한 생활을 하면서 마음 깊은 곳의 청정淸淨을 추구할 때 복덕福德이 조용하게 찾아옵니다. 빈궁의 관상이라도 자기 분수를 알고 가난한 사람답게 검소한 조식粗食으로 절제하면 가난한 운명에서 벗어날 수 있습니다.

장수할 관상을 가졌다고 해도 물을 함부로 쓰고 낭비하는 사람은 장수할 수 없습니다. 어쩌다 장수한다고 해도 점차 가난해져서 자식복도 없고 말년에는 흉하게 됩니다. 물은 인체에서 콩팥 즉, 신장腎臟에 해당되는데 우리 몸에 생긴 노폐물을 오줌을 통해 체외로 배설하는 기관입니다. 콩팥에 이상이 생기면 노폐물의 배설장애로 만병의 근원이 됩니다. 물을 함부로 쓰면 신정腎精이 손상되므로 장수할 수 없습니다.

물은 나무를 키우는 근본입니다. 그러나 나무에 물을 지나치게 많이 주면 나무가 썩기 마련입니다. 물을 소중히 여겨 그 사용을 절제해야 합니다. 또한 밝은 빛을 좋아해서 등불에 사용되는 기름을 함부로 낭비하는 사람도 장수할 수 없습니다. 등불을 자꾸 더 밝게 하려는 자는 흥분하기를 좋아하고 절제가 부족하기 때문입니다. 절제하는 자는 어둠 속에서도 모든 것을 볼 수 있습니다.

또한 함부로 종이를 낭비하는 자는 말년이 흉합니다. 한 장의 종이를 만들 때도 한 말이 넘는 물을 사용합니다. 종이는 신神과 통하고 바르고 깨끗한 것입니다. 그래서 종이에 글을 쓰고 그림을 그리는 일을, 길흉吉凶을 분명히 하는 신의 행동과 흡사하다고 말하는 것입니다. 종이를 함부로 쓰고 손상하는 자는 신의 덕을 손상시키는 것과 같기 때문에 평생 동안 가난을 면치 못합니다. 그러나 비싼 종이라도 제사와 같이 큰 목적을 위해서 사용하는 경우는 죄가 되지 않습니다.

물건은 새것이건 낡은 것이건 간에 모두 사람을 위해서 존재합니다. 물건을 소중히 여기는 일도 음덕陰德을 쌓는 일입니다. 아무도 보지 않고 남들도 대수롭지 않게 생각하기 때문입니다. 수명이 다한 토기土器는 땅에 묻어 주고 나무로 된 도구는 불로 태워서 자연으로 돌려주십시오. 이것이 낡은 물건을 치우는 방법입니다. 토기는 자기가 나온 땅으로 다시 돌아가고, 나무는 자기가 태어난 산에 재로 뿌려져 생명을 순환시킵니다.

나무를 불로 태울 때도 불을 소홀히 하지 마십시오. 불을 발로 비벼서 끄는 사람이 있는데 이들은 평생 출세하지 못합니다. 불은 태양의 자식입니다. 태양이 불을 만들었기 때문에 태양 다음으로 중요합니다. 그렇기 때문에 불을 밟는다는 것은 태양을 발로 밟는 것과 같습니다. 불에는 사람의 식록食祿을 만드는 기氣가 있어서 불을 함부로 소비하는 자는 식록을 제공하는 기를 잃게 됩니다. 그리고 식탐을 부려 음식을 절제하지 않는 사람은 대부분 불의 소중함을 모르는 자입니다. 이런 사람에게는 평생 우환憂患이 끊이지 않는 법입니다.

23 | 정원이나 연못을 만들면
가세가 무너진다

문 問 스승님,

저는 가난하지만

꽃과 나무를 가꾸기 좋아합니다.

마당에 정원을 만들어도 되는지

여쭙고 싶습니다.

답 答 가세家勢를 뽐내고 싶어 하는 그 마음이 문제입니다. 운이 뻗어 나가는 성운盛運의 집안이라고 해도 그 가세를 자랑하기 위해 화려한 정원과 인공적인 연못을 만들면 그 이후 운이 쇠하는 법입니다. 산이나 바다와 같은 대자연을 자기 집 마당으로 옮겨 즐기기 위한 수단으로 돌산을 만들거나 연못을 파는 일은 돈 많은 재산가들이 그 위세를 떨치기 위해 하는 일들입니다. 집 안에 시설 만드는 일을 멈추십시오.

그런데 가난한 사람이 그와 같은 취미를 갖는다는 것은 이미 그 마음속에 부자가 되려는 과도한 욕심을 표출한 것이기에 그 이상 출세와 영달을 할 수 없습니다. 비록 재산가라 하더라도 마당에 산과 연못을 만들면 더 이상의 성운盛運을 기대할 수 없습니다.

선조의 음덕陰德이 있고 가운이 몹시 좋을 때 그 집안의 현상 유지는 가능합니다. 그러나 가운家運이 기울지 않는다 하더라도, 집안에 뜻지 않은 일이 생기거나 신병으로 고생하게 됩니다. 나는 이런 예를 평생 수없이 보아 왔는데 거부巨富라도 몹쓸 병에 걸려 일찍 죽는 사람이 허다했습니다.

따라서 집 안에 커다란 정원과 연못이 있는 사람은 이것을 본래 상태로 되돌리고 자기가 믿는 신에게 자기 몫의 음식을 감량하고 헌납한 후에 기도하십시오. 그리고 헌납한 식량은 가난한 이들에게 나누어 주어야 합니다. 그렇게 하면 자연히 가운이 성운으로 향하게 됩니다. 그러나 다 먹고 남는 것을 신에게 헌납하면 가운은 번창하지 못합니다. 반드시 자기가 먹을 음식을 감량해서 신에게 바친 후 가난한 이들에게 나누어 주어야 한다는 점을 명심하십시오.

출세영달의 관상이라고 하더라도 마당에 화단을 높이 만들고, 이것을 즐기는 사람은 평생 출세영달을 하지 못합니다. 가난한 사람의 경우 자기 분수에 맞지 않기 때문입니다. 그러나 재산이 많고 신분이 높은 사람이 자기가 즐기기 위해서가 아니라 손님을 접대하기 위해서라면 마당에 정원을 만들어도 무방합니다. 그러나 정원을 가꾸고 과일나무를 심는다면 그것은 생산적이기 때문에 길吉합니다.

정원을 만들기보다는 텃밭을 만드십시오. 대지는 만물의 어머니로서 씨를 뿌리면 싹이 나고 새 생명이 돋아납니다. 텃밭이 있어 시금치, 고추, 옥수수 등의 먹을거리를 재배하는 것은 천지에 덕을 쌓는 일입니다. 정원이나 연못 대신에 텃밭을 가꾼다면 나름대로 입신출세도 할 수 있고 가운도 점차 성盛하게 됩니다.

24 | 야위었으나 기백 있는 것이
가장 좋은 관상이다

문 問 스승님의 말씀에 따라

소식을 실천하고 있습니다.

그런데 사람들이 저에게

야위어서 보기 싫다고 말합니다.

어찌하면 좋겠습니까?

답 答 음식을 엄격히 절제하여 소식하는 사람의 표정이나 혈색에
는 일종의 기백氣魄이 있습니다. 그러나 대식하고 폭식하는
사람은 살이 쪄서 부드러운 듯 보이나 기백이 없습니다. 얼
굴에 기백이 있는 사람의 혈색은 좀처럼 변하는 법이 없습
니다. 좀처럼 흥분하지도 않으며 쉽게 절망에 빠지지도 않습
니다. 모든 일에 부동심不動心이 있기 때문입니다. 식탐을 부
리고 대식하는 사람의 혈색은 상황에 따라 쉽게 변하는 법

입니다. 그런 사람은 관상이 길吉이라도 점차 흉凶으로 변하게 됩니다. 강과 숲이 계절에 따라 변하듯이 관상은 변하고 순환하는 것입니다.

물론 소식하는 사람은 야윈 것처럼 보입니다. 이런 사람은 야위었으나 심기心氣가 든든한 사람들입니다. 이와 반대로 식탐을 부려 과식하게 되면 기氣가 무거워지는데 이 상태를 심기가 야위었다고 합니다. 병들어 몸이 야윈 것과 소식으로 몸이 야윈 것을 엄격히 구별해야 합니다.

물론 몸이 야위면 장이 쇠약해지기 때문에 피부색이 나빠집니다. 그러나 음식을 절제해서 야윈 자는 얼핏 보기에는 야윈 것 같으나 혈색이 좋고 피부에 윤기가 있습니다. 병으로 야윈 것과 소식으로 야윈 것을 잘 구별하는 자가 관상의 대가입니다.

2부

봉황은 물 이외에
어떤 것도 먹지 않는다

○ ○ ○

배 속에 음식을 가득 쑤셔 넣은 새는
멀리 날 수도 없고 높이 날 수도 없습니다.
배 속이 비어야 맑은 정신으로
먼 길을 갈 수 있다는 사실을 그대는 어찌 모릅니까?
세상에서 커다란 부와 명예를 이룬 사람은
모두 절제하는 사람들입니다.
정신을 맑게 하기 위해
항상 소식을 실천하는 사람들입니다.

25 | 파도는 비에 젖는 것을
걱정하지 않는다

문 問 스승님,

저는 입신출세하고자 전심으로 노력하지만

악처惡妻로 인해 방해를 받습니다.

그럴 때마다 의욕이 떨어지고

일에 좀처럼 진척이 없습니다.

어찌하면 좋겠습니까?

답 答 파도는 비에 젖는 것을 걱정하지 않고 어둠은 태양을 이길
수 없는 법입니다. 그대의 정신이 태양처럼 작열하면 여러
가지 음陰이 방해하고자 해도 그 빛이 항상 천하를 꿰뚫을
것입니다. 자기의 정신이 태양처럼 강렬하지 못한 자는 보
통 작은 어둠에도 방해를 받기 때문에 쉽게 기운이 약해집
니다. 음을 탓하지 말고 자신의 양陽이 강하지 못함을 반성

하십시오.

남편은 양陽이고 아내는 음陰입니다. 이것이 대자연의 섭리입니다. 양인 남편에게 아내가 순종하지 않으면 음양이 화합하지 못합니다. 음양이 화합하지 못하면 남편이 하고자 하는 일을 성취할 수가 없습니다. 그대의 아내가 순종하지 않는 동안 당신은 어떤 일이라도 성취할 수 없습니다. 세상 사람들은 당신을 비웃고 세상은 그대에게 길을 열어 주지 않을 것입니다.

보이지 않는 곳에서 덕을 쌓는 것을 음덕陰德이라 합니다. 음덕이 최고의 덕인 것처럼 아내 또한 최고의 보물입니다. 아내는 집안에서 잘 보이지 않지만 조용히 집안을 다스립니다. 그 보배의 심기가 불안하면 집안일이 잘될 리가 없고 오래 지속될 수도 없습니다. 아내를 탓하지 말고 스스로를 탓하십시오. 한 사람의 아내에게조차도 당신의 뜻을 관철시키지 못한다면 어찌 세상 사람들이 당신을 따르겠습니까?

26 | 방생이나 적선은
하늘의 뜻을 거스르는 일이다

문 問 스승님,

저는 입신양명을 하고 싶습니다.

이를 위해 방생放生을 하는 것이나

남에게 적선積善하는 것은

도움이 되겠습니까?

답 答 남에게 보여 주고자 하는 그대의 생각이 잘못되었습니다. 어떤 이익이나 보답을 기대해서 남에게 베푼다는 것은 순수한 마음이 아님을 깨달아야 합니다. 반드시 남에게 보이지 않게 해야 합니다. 그래서 그것을 음덕陰德이라 합니다.

방생放生을 하기 위해서는 다른 곳에서 그 동물을 잡아 와야 합니다. 살아 있는 생명이 죽고 사는 것은 하늘의 뜻이

거늘, 어찌 하찮은 인간이 감히 베푼다고 말하는 것입니까? 생명과 재물은 하늘의 것이지 그대의 것이 아닙니다. 하늘 아래 그대가 가지고 태어난 것이 없는데 무엇을 베푼다는 말입니까?

이 세상에 자기가 가지고 태어난 음식을 식록食祿이라 부릅니다. 이것을 베푸는 것이 진정한 의미의 음덕입니다. 따라서 배불리 먹고 남은 것을 남에게 베푸는 것은 진정한 의미의 배풂이 아닙니다. 그것은 받은 사람의 음식일 뿐입니다.

자기가 먹고 싶은 것을 참고 절제하여 남을 위해 베푸는 것이 참다운 베풂입니다. 이것만이 진정한 음덕입니다. 음덕 본래의 뜻인 '보이지 않는 곳에서 베푼다'는 말을 다시 한 번 마음에 새기십시오. 이런 음덕을 쌓으면 그대는 저절로 입신하고 양명하게 됩니다. 이와 같은 사람은 단명의 관상과 빈궁의 관상을 가지고 태어났다고 하더라도 온갖 악귀를 물리칠 수 있습니다. 사방에 원수가 없을 뿐만 아니라 저절로 큰 길이 열리게 됩니다.

세상에는 방생회放生會라고 하는 모임이 있어 살아 있는 새나 물고기를 잡은 다음 다라니경陀羅尼經 주문을 독경하면서 이들을 놓아주는 행사가 있습니다. 그러나 이것은 도리에 맞지도 않을뿐더러 하늘의 뜻에 정면으로 배치되는 인위적인 행위일 뿐입니다.

세상 만물은 모두 하늘의 뜻에 따라 존재하거늘, 억지로 잡아서 고생시키면서까지 살려 준다는 것은 오히려 죄악일 뿐이고 남에게 자기가 좋은 일을 하고 있다는 것을 보여 주고자 하는 교만한 마음입니다. 방생된 새나 물고기는 자기들이 살던 곳을 떠나 낯선 곳에서 살아야 하니 어찌할 바를 모르게 됩니다. 아무리 하잘것없는 미물이라 할지라도 자기들이 살아온 곳에서 무리를 지어 사는 것이 그들의 바람이 아니겠습니까?

그대는 고향에서 행복하게 살고 있습니다. 그런 그대를 누군가 잡아서 도시로 방생한다면 어떻겠습니까? 그대는 고향을 그리워하며 눈물로 세월을 보낼 것입니다. 어찌하여 인간의 욕심을 위해 물고기와 새의 고향을 인위적으로 흩어 놓는다는 말입니까?

아무리 높은 고승高僧이라고 해도, 그가 사람들을 모아 방생을 주도한다면 그는 하찮은 땡중에 불과할 것입니다. 세상의

눈으로 보지 말고 어린이처럼 순수한 마음으로 보면 답이
나오는 법입니다.

한 톨씩이라도 볍씨를 모아 벼를 심으면 가을에는 수천 톨
이 되고, 한 홉씩을 모아 심으면 한 섬이 되고 한 섬이 다음
해에는 수백 수천 섬이 됩니다. 이와 같이 하루 한 홉의 곡식
을 모으면 엄청난 양이 됩니다. 따라서 하루 세끼 중에서 매
일 한 홉의 곡식을 절제하여, 남이 모르게 가난한 이들을 도
와준다면 이것이 진정한 의미의 방생이 아니겠습니까?

27 | 배부르게 먹는 것은
목숨의 과녁에 활을 쏘는 일이다

문 問 스승님께서는

계속해서 절제를 말씀하십니다.

그러나 지금 곳간에 곡식이 가득합니다.

곡식은 사람의 목숨을 구하기 위한 것 아닙니까?

식솔들에게 충분히 먹지 못하게 하면

먹고 싶은 생각만 일어나기 때문에

큰 고통이고 형벌 아니겠습니까?

답 答 곳간의 음식을 마구 먹이면 식솔들이 방만해지는 법입니다.
몸이 먼저 무너지고 그 다음에 정신도 무너지는 법입니다.
정신이 무너지면 가세도 기울게 되는 것이 세상의 이치입니
다. 농작물에 비료를 너무 많이 주면 곡식이 쓰러지고 마는
것과 같은 이치입니다.

엄청난 번개와 천둥에도 끄떡없는 나무가 있고 작은 번개에도 쓰러지는 나무가 있습니다. 영양분이 풍부한 땅에서 자란 나무는 뿌리를 깊이 내리지 않습니다. 사방 천지에 영양분이 있기 때문에 뿌리를 밑으로 내리지 않고 옆으로 뻗는 법입니다. 그러나 척박한 곳에서 자라는 나무는 물과 영양분을 스스로 찾기 위해 땅속 깊은 곳까지 뿌리를 내립니다.

농작물도 마찬가지입니다. 비료를 절제하여 적게 주면 농작물이 더 많은 영양분을 찾기 위해 땅속 깊이 뿌리를 내리게 됩니다. 그렇게 만들어진 농작물은 비록 크기가 작다 해도 알찬 것이며 많은 영양분을 갖게 됩니다. 산속 깊은 곳에 자라는 산삼이 그렇습니다. 사람의 발길이 닿지 않는 산속 깊은 곳에서 향기를 발하는 송이버섯 또한 그래서 영험한 것입니다.

사람의 목숨을 구하기 위한 음식이라 할지라도 절제함이 없이 대식하고 폭식하는 것을 두려워하십시오. 영양분이 많은 땅에 자라는 나무나 비료를 많이 준 농작물과 같이, 힘든 상황이 되면 쉽게 목숨을 잃게 됩니다. 사람도 검소한 조식粗食으로 소식을 실천하면 장수하는 관상으로 변하는 법입니다. 이런 하늘의 이치를 무시하고 대식하고 폭식하는 것은 자기 목숨을 과녁으로 해서 활을 쏘는 것과 같지 않겠습니까? 이 것은 모두 마음이 미천한 탓입니다. 지나친 것은 모자람만 못한 법입니다.

세상에는 귀한 사람이 적고 미천한 사람이 많습니다. 대부분의 미천한 사람들은, 배고픔을 채우고 혀를 즐겁게 하는 수단으로만 음식을 생각합니다. 이것을 인면수신人面獸身이라고 말합니다. 사람의 탈을 쓰고 있으나 몸은 짐승과 같다는 뜻입니다. 네 발 달린 짐승은 이리저리 쏘다니면서 허겁지겁 먹는 일만을 즐거움으로 삼기 마련입니다. 사람도 이와 같다면 인면수신이 아니고 무엇이겠습니까? 세상에 부자가 적고 가난한 사람이 많은 것도 이와 똑같은 이유입니다.

28 | 두부 찌꺼기를 먹어도 모자람이 없다

문 問 저는 스승님의 가르침을 잘 따르고 있습니다.

그런데 보리와 잡곡만 조촐하게 먹는 저를 보고

주위의 사람들은 이방인처럼 대하고

잘 상대해 주지 않습니다.

이를 어찌하면 좋겠습니까?

답 答 황제도 쌀을 먹고 백성들도 쌀을 먹지만 쌀은 항상 부족한 법입니다. 매일 세끼의 쌀밥을 먹을 수 있음에도 불구하고, 그 쌀을 남에게 내주면서 보리쌀과 잡곡으로 대신하는 그대를 이상하게 생각한다면, 그들은 하늘의 뜻을 모르는 사람입니다. 그대는 하늘의 뜻을 향하며 살 것입니까, 저잣거리 장사치들의 뜻을 따르며 살 것입니까? 그대가 아직 하늘의 뜻을 깨닫지 못하고 있는 것이 안타깝습니다.

비록 보리와 잡곡이 쌀에 비해 맛이 떨어진다 할지라도, 황제가 쌀을 먹는다 하여 굳이 쌀을 고집할 것이 무엇입니까? 황제가 두부를 먹고 찌꺼기인 비지를 그대가 먹는다 한들, 황제가 쌀을 먹고 그대가 보리와 잡곡을 먹는다 한들, 그대의 신분에는 황송할 뿐이라 생각해야 합니다. 비지와 보리쌀만이라도, 먹을 수 있다는 것에 감사해야 합니다.

'바닥이라고 생각했는데 나중에 보니 천장이더라'는 말이 있습니다. 그대의 신분이 추락하여 그것조차 먹을 수 없을 때가 올 수 있음을 명심하십시오. 비지와 보리쌀로도 끼니를 때우지 못하는 사람은 많습니다. 그래서 굶어 죽는 사람도 있습니다.

절대 그대의 신분을 넘는 음식을 탐貪하지 말고, 항상 가장 미천한 사람들이 먹는 음식에 그대의 마음을 정定하십시오. 사람이나 국가나 모든 패망敗亡 이전에는 항상 욕심이 놓여 있습니다. 음식을 두려운 마음으로 절제하고 삼가지 않는다면 당신의 큰 뜻을 이룰 수 없는 법입니다.

29 | 봉황은물이외에
다른것을먹지않는다

문 問 스승님,

저는 거대한 봉황새가 되고 싶습니다.

어찌 제비나 참새들이 먹는 음식으로 목숨을 유지하여

큰 뜻을 이룰 수 있겠습니까?

답 答 전설 속의 새인 봉황鳳凰은 물만 먹는다는 사실을 모르는 그
대가 참으로 안타깝습니다. 제비나 참새는 그들 나름대로의
음식이 있습니다. 그대는 아직 작은 새에 불과합니다. 봉황
처럼 큰 새는 음식을 많이 먹지도 않고 함부로 먹지도 않습
니다. 그대가 흠모하는 저 봉황새는 물만 먹습니다. 작은 새
는 무엇이든 먹습니다. 곡식이나 벌레나 열매는 말할 것도
없고, 사람과 소와 말의 똥까지 무엇이나 먹습니다.

배 속에 음식을 가득 쑤셔 넣은 새는 멀리 날 수도 없고 높이 날 수도 없습니다. 배 속이 비어야 맑은 정신으로 먼 길을 갈 수 있다는 사실을 그대는 어찌 모릅니까? 그대는 음식을 절제하지 않고 함부로 먹기 때문에 봉황새가 될 수 없습니다. 그대의 생각과 먹는 일은 모두 참새와 같습니다. 어찌 참새가 봉황의 깊은 뜻과 삶을 안다고 말하겠습니까?

세상에서 커다란 부와 명예를 이룬 사람은 모두 절제하는 사람들입니다. 그들은 물 한 방울, 불씨 하나도 귀중히 여기는 사람들입니다. 그들은 부와 명예를 지키기 위해 항상 정신을 맑게 유지합니다. 정신을 맑게 하기 위해 항상 소식을 실천하는 사람들입니다. 부자들의 훌륭한 옷과 집이 부럽다고 탐하지 마십시오. 그들처럼 절제하지 않으면 당신은 절대 부자가 될 수 없습니다.

30 | 큰힘은 온화한 것이지 강한 것이 아니다

문 間 스승님,

성공한 벼슬아치와 장군들은

맛있는 음식과 술과 고기를 먹으면서

정사를 논하고 교류한다고 알려져 있습니다.

저 또한 그들과 함께 천하를 논하고

세상을 이끌고 싶습니다.

그런데 보리와 잡곡으로 소식하면

원기와 자신감도 사라지는데

이를 어쩌면 좋겠습니까?

답 箸 풍성한 음식을 먹으면 원기와 자신감이 생긴다는 그 생각이 잘못되었습니다. 원기元氣라는 것은 하늘이 만물을 창조하는 근본의 힘을 말합니다. 원기는 넓은 대자연의 기운으로 사람의 기운을 풍성하게 합니다. 그러나 그 기운은 온화한 것이지 강한 것이 아닙니다. 음식을 통해 원기를 되찾으려면 음식이 소박하고 검소해야 한다는 사실을 그대는 깨달아야 합니다.

저잣거리의 속인들은 성미가 강하고 급합니다. 또한 자주 흥분하기도 합니다. 그리고 그것을 '원기가 좋다'고 생각합니다. 그러나 그것은 어리석고 미천한 사람들의 생각입니다. 술과 고기를 폭음하고 폭식한 결과 겉모습만 원기 있고 호탕하게 보일 뿐입니다. 그런 사람은 어쩌다 입신출세하더라도 하늘의 뜻에 맞지 않기 때문에 오래가지 못합니다. 그러나 소식으로 원기를 온화하게 가꾼 사람이 입신출세하면 평생을 지속할 수 있습니다.

그대는 출세하고 싶은 마음이 항상 앞서 있습니다. 몸은 어린아이에 불과한데도 늘 어른처럼 행동합니다. 원기는 꾸준히 그리고 서서히 형성되는 것입니다. 이를 위해서는 항상 모든 일에 절제하고 사람과 일을 대하는 자세가 신중해야 합니다. 열 사람 몫의 신중함을 갖는 사람은 열 사람만큼의 입신출세를 할 수 있고, 만 명만큼의 신중함을 갖는 사람은 만 명만큼의 발전이 있는 법입니다. 소박하고

검소한 음식으로 절제하여 소식하는 일이 최상의 방법입
니다.

31 | 마음을 엄격히 하면 음식도 엄격해진다

문 問 스승님,

저는 복록수福祿壽를 오래도록 갖기를 원합니다.

이것들도 음식을 절제하여 소식을 실천하면

성취할 수 있습니까?

답 答 복록수福祿壽, 즉 복福은 행복이고 록祿은 재산이며 수壽는 장수를 의미합니다. 행복과 재산과 수명을 오래 유지하고 발전시키기 위해서는 음식을 엄중히 하는 일이 무엇보다 중요합니다. 그러나 그 이전에 그대의 마음을 엄격히 관장하기를 당부합니다.

마음을 엄격하게 하면 음식도 자연히 엄격하게 절제할 수 있습니다. 음식은 마음인 동시에 임금과도 같은 것입니다.

복록수, 즉 행복과 재산과 수명은 절제의 신하들입니다. 따라서 그 임금인 음식의 절제에 따를 수밖에 없습니다.

그 나라의 흥망성쇠는 임금에게 달려 있습니다. 임금이 절제하고 엄격하면 그 나라는 흥興하게 됩니다. 그와 반대로 임금이 엄격하지 못하고 방탕하면 그 나라는 망亡하게 됩니다. 따라서 임금인 음식을 절제하고 엄격히 하면 행복과 재산과 수명은 따라오게 마련입니다.

재산이라는 것은 하늘의 것이므로 누가 어떻게 쓰더라도, 돌고 돌면서 하늘 아래 남아 있습니다. 그러나 음식을 먹어 버리면 똥오줌이 되고 사라집니다. 식탐을 부려 대식하고 폭식하는 것은 덕德을 잃는 것과 같습니다. 따라서 음식을 절제하지 않고 소홀히 하는 사람은 자기 스스로 자기 목숨을 단축시키고 재산마저 잃게 된다는 사실을 깨달아야 합니다.

복록수를 바란다면 음식의 절제가 그 시작임을 깨달아야 합니다. 세상의 모든 불행과 가난과 비명횡사는 대식하고 폭식하는 교만하고 사치스런 마음에서 시작됩니다. 음식을 절제하여 소식을 실천하면서 매일 덕을 쌓아 가는 사람 중에 실패한 인생을 한 명도 보지 못했습니다.

그대가 절제한 음식들은 10배 100배가 되어 하늘과 땅 사이에 차고 넘치게 되므로 사람들을 널리 이롭게 할 수 있습니다. 사람을 널리 이롭게 하면서 입신출세를 하지 못하면 그것은 하늘의 이치가 잘못된 것입니다. 이는 또한 관상법에서 말하는 길흉^{吉凶}과 관계가 없습니다. 먹는 것에 사치를 부리지 않고 절제하면 관상과 상관없이 흥하게 될 것입니다.

32 | 가난을 뒤돌아보는 것이 부의 근본이다

문 問 스승님,

저는 젊어서부터 운이 좋아 재산을 많이 모았는데,

요즘은 운이 나빠서 매년 손해만 볼 뿐만 아니라

무슨 일을 하더라도 어긋나기만 합니다.

어찌하면 좋습니까?

답 畓 그대는 젊었을 때부터 복이 충만해 있었습니다. 그러니 이제부터 슬슬 재산을 잃어도 좋을 때입니다. 그것도 빨리 잃는 편이 좋습니다. 자기가 아무리 욕심을 부린다 해도 하늘이 그렇게 할 것입니다. 천벌을 받는 것보다 교만한 마음과 사치스런 욕심을 버리는 편이 훨씬 쉽습니다. 욕심을 버리면 다시 일어나기도 쉽습니다.

그대는 원래부터 재산이 있었던 것이 아닙니다. 일을 열심히 하고 음식을 삼가서 하늘의 복을 받았을 뿐입니다. 따라서 당신이 처음 출발할 때의 마음가짐으로 돌아가는 것이 중요합니다. 그것을 잊어버리고 자기가 잘난 줄 알고 우쭐해서, 남이 보란 듯이 과식과 폭식을 일삼으니 어찌 하늘이 그대를 가만히 두었겠습니까?

근본을 잊은 사람은 끝이 좋지 않은 법입니다. 벼락부자들이 벼락처럼 가난해지는 것은 바로 그런 이유입니다. 그러나 근본을 소중히 여겨 절제하는 사람은 교만하여 우쭐대는 일이 없기 때문에 갑자기 벼락처럼 몰락하는 일도 없습니다. 여기서 근본을 안다고 하는 것은 부자가 가난한 자의 고통을 아는 것을 말합니다. 가난할 때를 생각하고 지금의 부유함이 '운이 좋았다'고 생각하며 근본을 잊지 말아야 합니다. 그러면 부자가 되었어도 망하는 일이 없고 쇠衰하는 일도 없습니다. 〈주역周易〉에 '군자는 나라가 평안할 때도 나라가 망할 수 있다는 것을 잊지 않으며, 나라를 다스리면서 난리가 날 것을 잊지 않는다'는 말이 있습니다.

부귀富貴는 사방에서 가난이 모여서 생기는 것입니다. 가난은 부富의 근본입니다. 그래서 가난한 자는 헤아릴 수 없이 많고 부자가 적은 것입니다. 따라서 부자가 되기 위해서는 가난을 알고 그것을 헤아리는 마음이 중요합니다. 모든 부의 근본은 가난이고 가난에서부터 출발합니다.

임금도 처음부터 임금인 것이 아니고 백성들이 운집하여 따르며 임금으로 추대하기 때문에 임금이 되는 것입니다. 가난한 백성들이지만 수많은 백성들이 모여서 비로소 임금의 지위는 강력하게 굳어지게 됩니다. 가난을 알고 난 후에 백성들을 다스리면 자연히 나라의 세력이 커지는 것입니다. 임금이 자기 백성들을 자식같이 배려하고 백성 또한 임금을 부모처럼 대할 때 군신君臣의 관계가 안정하게 되는 법입니다. 부를 얻더라도 항상 가난을 생각하십시오.

또한 매일 먹는 식사도 상하 구별 없이 식솔이나 하인들과 함께 하는 것이 좋습니다. 자기가 술을 먹지 못하더라도 한 달에 몇 번씩은 하인들과 함께 술을 마시며 가세가 번창하도록 힘을 합치자고 부탁하면 하인들은 감동하여 힘을 합치게 됩니다. 본인이 술을 마시지 못한다고 하인들에게 강요하지 말고 본인이 보리와 잡곡으로 소식한다고 하인들에게 강요하지 말아야 합니다. 그대가 술을 마시지 않고 소식하면서 훌륭한 인품을 키워 간다면 하인들은 저절로 그대를 흠모하여 따라올 것입니다.

물건을 함부로 버려서도 안 됩니다. 쓸 만한 물건이 버려져 있더라도 시중드는 아랫사람들을 호통치거나 나무라지 마십시오. 작은 일에 마음을 뺏겨 큰일을 그르치는 일이 없어야 합니다. 설사 한때 교만한 마음으로 살다가 집안의 기운이 쇠퇴하였더라도 낙담하지 마십시오. 음식을 절제하고 소식을 실천하기를 3년 동안 견뎌 낸 사람 중에서, 다시 집안이 부흥하지 못한 사람을 나는 보지 못하였습니다.

33 | 빚을 지는 것은
조급한 마음 때문이다

문 問 스승님,

요즘 들어 자꾸 몸이 아프고

집안 형편도 어려워지고 있습니다.

형제들이나 친척들은 모두 부자로 사는데

저를 돕는 사람이 아무도 없습니다.

손을 벌리는 것도 부끄럽고

저는 어찌하면 좋겠습니까?

답 答 남들이 나를 도와주지 않는다는 그 마음이 잘못되었습니다. 남의 도움으로 이룬 것들은 빨리 무너지기 마련이고 도와준 사람에게 종속되는 법입니다. 남에게 손을 벌리지 마십시오. 그것은 모두 빚에 불과합니다. 빚을 갚지 않고는 우뚝 설 수 없습니다. 시간이 조금 더 걸리더라도 빚을 지지 않고 일어서는 것이 더 중요합니다. 빚을 진다는 것은 조급한 마음 때문입니다. 빚을 져서라도 현재의 사치스런 생활을 유지하고 싶은 마음 때문입니다. 다른 나라의 도움으로 패전국의 위기를 모면한 국가들은, 결국 도와준 그 나라에게 종속되기 마련입니다.

다른 사람에게 기대려는 그 마음을 지우십시오. 당신의 불행은 당신의 잘못으로 생긴 것이니 남들이 관여할 일이 아닙니다. 그러나 그대가 손을 벌리지 않아도 세상에는 당신을 도와주는 사람이 너무도 많습니다. 하늘은 우리의 안전을 지켜 주고 군사들은 적으로부터 우리를 보호해 줍니다. 농민들은 농사를 지어 식량을 제공하고 대장장이들은 도구를 만들며 상인들은 우리들에게 필요한 물건을 제공합니다. 이와 같이 하늘부터 시장의 상인에 이르기까지 당신을 도와주고 있는 것입니다. 무슨 도움이 더 필요하다는 말입니까?

몸이 아픈 것도 그대 탓입니다. 만물을 만들어 그대를 도와주려는 하늘과 세상 사람들에 대한 고마움은 생각하지 않고, 입에 즐거운 음식을 골라 폭식하는 자들은 비록 관상이 좋다하더라도 병을 얻어 비명횡사하는 법입니다. 그것이 하늘의 이치입니다. 하늘의 이치에 합당하지 않기 때문에 오장육

부가 썩고 뒤틀어져서 병을 얻게 되고 가난을 면치 못하게
되는 법입니다. 이것은 하늘의 근본을 잊고 교만하고 사치스
런 마음을 부린 그대의 잘못입니다. 태어날 때부터 가난하고
병이 많은 사람은 없습니다. 잘된 것은 모두 운運 때문이고
잘못된 것은 모두 내 탓이라고 생각하는 그 마음을 가져야
합니다.

당신의 병은 하늘이 만드는 것이 아님을 알아야 합니다. 오
직 술과 고기와 맛있는 음식을 탐하려는 그대의 욕심 때문
입니다. 그러나 하늘은 항상 온화하고 자비로워서, 그대가
이를 깨달아 음식을 절제하여 소식으로 되돌아가면 병도 저
절로 낫고 부귀도 되찾을 수 있습니다.

34 | 기생집에서도 절제하라

문 問 스승님,

저는 음식을 절제하여 소식하는 일은

그리 어렵지 않다고 생각합니다.

그러나 기생집에 다니는 것은

끊기 힘들어 고민하고 있습니다.

기생집에 드나들면 안 되는지요?

답 答 어찌 세상사가 그렇게 단순할 수야 있겠습니까? 상인들과
벼슬아치들이 기생집을 드나들지 않을 수 없다는 사실을 나
도 잘 압니다. 기생집을 가더라도 파도기둥을 붙잡고서라도
해안으로 살아 돌아올 수 있다는 정신으로 대해야 합니다.
그중의 근본은 술과 음식을 절제하는 일입니다. 기생집에 가
서 돈을 뿌리고 방탕하더라도 술과 음식을 절제하고 삼가면

패가망신하는 일은 절대 없습니다.

물론 유흥을 즐기기 위해서 가는 기생집에서 술과 음식을 절제하는 것은 결코 쉬운 일이 아닙니다. 기생집도 인간들의 필요에 따라 존재하는 것이므로 유연한 사고로 대처해야 합니다. 이 또한 역시 음식의 절제가 근본입니다. 평소 음식을 절제하여 소식을 실천하는 사람은 가끔 기생집에 들른다 해도 크게 문제를 일으키지 않습니다. 정신이 살아 있기 때문입니다. 그러나 평소에 식탐을 부려 폭식하는 자들은 기생집에 드나들면서 패가망신하기 마련입니다.

오사카大阪 지역에 큰 상인이 있었습니다. 그는 많은 물건을 교류하여 오사카 지역에서 최고의 거부巨富가 되었습니다. 그는 기생집에 가서 술을 마시더라도 절대 안주를 먹지 않고, 술 한 잔 마실 때마다 소금을 손가락으로 찍어 먹는 사람으로 유명했습니다. 왜 안주를 먹지 않느냐고 묻자, '정신을 잃지 않기 위해서'라고 대답했습니다. 그는 아무리 술을 많이 마셔도 새벽에 가장 먼저 일어나 마당을 쓰는 사람으로도 알려져 있습니다.

밥그릇의 대소大小는 사람에 따라 다르기 마련입니다. 그러나 일반적으로 하루 세끼 합쳐서 세 그릇의 밥을 먹는 사람은 두 그릇으로 줄여야 합니다. 또한 세끼 이외에 어떤 음식도 먹지 말고, 소금에 절인 생선 이외에 다른 미식美食을 탐하지 말아야 합니다. 기생집에서도 이를 반드시 지키면 몸과 마음을 반듯하게 유지할 수 있으며 말년에도 집안이 기우는 법은 없습니다. 부를 쌓는 것보다 부를 지키는 것이 더 어려운 법입니다.

35 | 과도한 양념은 기생집과 같다

문 問 스승님,

세상 사람들은 일을 근본으로 하고

음식을 가장 나중에 생각합니다.

스승님 말씀대로 음식을 절제하고 소식한다면

일을 조금 소홀히 해도

입신출세할 수 있겠습니까?

답 答 일을 소홀히 하는 사람들이 오히려 술과 고기를 탐하고 함부로 폭식하기 마련입니다. 이런 사람들은 만사를 소홀히 하기 때문에 마음이 흐트러지고 게을러지고 빈둥대는 법입니다. 오늘도 쉬고 내일도 쉬는 사람은 과식과 폭식을 하기 쉽고, 그 결과로 얻어지는 몸의 불편을 핑계로 다음 날도 일을 하지 않습니다. 이런 일이 계속되면 병을 얻어 고

생하게 됩니다.

일을 소홀히 하는 사람이 어쩌다 운이 좋아 재화를 얻더라
도 그것이 자기 덕인 양 교만하고 사치하게 됩니다. 일을 소
홀히 하는 사람은 어쩌다 재화를 잃게 되면 세상 탓을 하고
남을 탓하는 법입니다. 나는 이런 사람들을 수도 없이 만나
보았습니다.

일을 하지 않고 남의 잔칫상을 탐食하는 사람은 과식하고 폭
식하기 쉽습니다. 그것은 공짜로 얻은 음식이기 때문입니다.
공짜로 얻은 재물은 탕진하게 되고, 쉽게 얻은 음식은 폭식
하는 것이 하늘의 이치입니다. 가난했던 사람이 어쩌다 운이
좋아 재화를 얻을 경우, 옛날의 자기와 같았던 가난한 사람
을 무시하고 비난하기 일쑤입니다. 그들 속에서 자기의 비천
했던 옛 모습을 보고 우쭐하기 때문입니다. 이런 자들은 결
코 재화를 오래 지속할 수 없습니다.

사람들이 잔칫상을 탐하는 이유는 음식에 양념이 가득하기
때문입니다. 양념은 반드시 허기虛飢를 유발합니다. 없는 허
기를 만들어 낸다는 말입니다. 배가 이미 차 있는데도 불구
하고 그 양념들이 코와 입을 자극하여 자꾸 배 속에 음식을

집어넣게 유혹합니다. 과도한 양념은 기생집과 같습니다. 아무리 기생집을 드나들어도 욕구가 채워지지 않기 때문입니다. 양념은 소금 하나로 족합니다. 소금 간만 한 단순한 음식을 먹도록 하십시오.

진정으로 열심히 가업에 종사하는 사람은 대식하고 폭식하는 법이 없습니다. 음식을 먹는 것과 일을 하는 것은 그 근본이 똑같습니다. 열심히 일하는 사람은 식사를 절제하는 사람이며, 식사를 절제하는 사람은 열심히 일하는 사람입니다. 윗사람이 그대에게 너무 열심히 하지 말라고 하더라도, 음식에 절제를 실천하는 사람은 만물을 진정성 있게 대하므로 일을 하지 않고서는 견디지 못합니다.

36 | 꽃은 활짝 피어 있는 순간에만 인정받는 법이다

문 問 스승님,

씨름꾼이나 예술인과 같은 사람들은

태도가 신중하지 않고 음식을 절제하지 않는데도

높은 곳까지 오르며 이름을 날리는 경우가 많습니다.

이는 어떤 연유인지 말씀해 주십시오.

답 答 이름난 씨름선수들은 태어날 때부터 큰 체격과 담력으로 만인을 압도하기 때문에 호걸의 이름을 천하에 날릴 수가 있습니다. 또한 장터의 예술인들도 몸은 비록 천하다 할지라도 태어날 때부터 가진 예술성이 만인보다 뛰어나고 훌륭하기 때문에 이름을 날릴 수가 있습니다. 비록 신분이 미천하다 할지라도 타고난 체력과 예술성이 훌륭하기 때문이 이름을 날리는 것입니다.

그러나 이러한 것들은 단지 일반 대중들의 눈요기가 될 수는 있어도 그 가치를 진정으로 오래 인정받는 경우는 드물다는 사실을 명심하십시오. 꽃은 활짝 피어 있는 순간에만 그 가치가 살아 있는 법입니다. 꽃과 마찬가지로 유명한 씨름꾼이나 예술인들은 살아 있을 동안에 이름을 날릴지라도, 죽고 난 후 30년이 지나면 그 이름을 기억하는 사람이 거의 없는 법입니다.

그러나 절제하고 처신을 신중히 하면서 세상 사람들을 위해 크게 공헌한 사람은, 죽고 난 후에도 그 이름이 오래도록 알려지고 덕이 쌓여 그 명성이 후손에게까지 전해지는 법입니다. 그대는 순간의 꽃이 되고 싶으십니까, 부와 명성을 후손에게도 전하고 싶으십니까?

37 | 부자는 미식으로 수명을 단축하고 빈자는 조식으로 수명을 연장한다

문 問 스승님,

사람의 입은 먹기 위해 있는 것이라 생각됩니다.

따라서 먹고 싶은 것을 먹지 않으면

삶의 보람이 없다고 생각합니다.

저는 먹는 즐거움이 최상의 즐거움이라 생각하는데

어떻게 생각하시는지요.

답 答 먹는 것이 최상의 즐거움이라는 그 생각이 잘못되었습니다. 그대는 먹는 즐거움을 최상의 즐거움으로 뽑았습니다. 그러나 사람의 즐거움도 천차만별인 법입니다. 장수는 큰 공을 세우는 것이 최상의 즐거움이요, 농민들은 부모로부터 물려받은 논밭을 늘려 큰 수확을 하는 것을 즐거움으로 삼습니다. 대장장이는 뛰어난 기술로 낫과 호미를 만들어 인정받는 것이 즐거움이고, 장사꾼은 장사가 잘되어 돈을 많이 벌고 유복해지는 것을 최상의 즐거움으로 삼습니다. 그대는 이와 같은 즐거움을 누리고 싶지 않습니까? 그대가 이런 것들을 원하지 않는다면 혀와 입을 즐겁게 하는 음식으로 대식하고 폭식해도 좋습니다.

세상의 모든 일에는 앞과 뒤가 있고 선(先)과 후(後)가 있기 마련입니다. 절제하고 삼가서 먼저 입신출세의 즐거움을 느낀 다음, 그에 따라 유복한 생활을 통해 음식을 즐기는 것이 순서입니다. 처음부터 먹는 즐거움을 추구하는 사람은, 하늘로부터 가난의 고통이 주어지는 법입니다. 이것이 하늘의 이치이고 만물의 이치입니다.

입은 먹는 것이 들어가는 입구인 동시에 변소의 입구라는 사실을 명심해야 합니다. 입을 통해 들어간 음식을 밖으로 토해 내면 더럽기가 똥오줌과 마찬가지입니다. 식탐을 부려 대식을 하고 싶어질 때는 먼저 그 음식이 똥오줌이 되는 것을 상상하십시오. 그래도 먹고 싶으면 실제로 밥 한 그릇을 변소에 버려 보십시오. 아무리 짐승과 같은 자라 할지라도 음식을 변소에 버릴 수는 없을 것입니다.

그러나 절제하지 않고 폭식하는 것은 매일 음식을 변소에 버리는 것과 같이 무서운 일입니다. 더욱이 혀를 만족시키는 음식을 많이 먹는 행위는 자기의 수명을 단축시키는 것과 같습니다. 그래서 임금과 벼슬아치들은 대대로 수명이 짧은 반면, 먹을 것이 없는 산촌 사람 중에 장수하는 사람이 많은 것입니다.

드문 경우이긴 하지만 미천한 자가 대식하고 과식하면 임금과 벼슬아치보다 더 빨리 죽습니다. 몸과 정신이 거북해져서 일조차 할 수 없기 때문입니다. 돈과 권력을 가진 자는 맛있는 음식으로 수명을 단축하고, 가난한 자는 청빈한 음식, 즉 조식粗食으로 수명을 연장하는 법입니다.

38 | 주인이 아침 일찍 일어나면 쥐가 설치지 않는다

문 問 스승님,

집 안에 숨어 사는 쥐가 사람을 두려워하지 않고

대낮에 나와서 설치는 일이 있는데,

이것도 그 집안의 길흉과 관계가 있습니까?

답 答 바다는 대륙을 닮고 강물은 언덕을 닮는다 하였습니다. 우물
또한 마을의 인심을 닮는다 하였습니다. 따라서 식솔들과 하
인들은 집안의 주인을 닮는 법입니다. 그 집안 가운의 성쇠
는 그 집안의 주인에게 원인이 있습니다. 어디 쥐뿐이겠습니
까? 하인들이 곳간의 곡식을 훔치는 것도 주인 때문입니다.
주인이 음식을 절제한 후에 그것을 하인이나 거지들과 같이
가난한 사람들에게 나누어 주면 그런 일은 절대 일어나지
않습니다.

어두운 밤을 지배하는 음陰의 동물인 쥐가 낮에 나온다는 것은 집안이 크게 흥凶하고 가족에 신병이 있거나 집 안에 재앙이 들고 망할 전조입니다. 가족들이 건강할 때는 그 집 안에 양기陽氣가 넘치기 때문에 음의 동물인 쥐가 대낮에 나올 수가 없습니다. 이와는 반대로 가운家運이 쇠할 때에는 양기가 사라져서 집 안이 음기陰氣로 변하기 때문에 음의 동물인 쥐가 사람을 두려워하지 않고 대낮에 나와서 설치게 되는 법입니다.

이런 일이 없으려면 주인은 아침 일찍 일어나서 동쪽을 향해 떠오르는 태양을 숭배하고 그 기운을 받아야 합니다. 주인이 식솔이나 하인들보다 일찍 일어나야 합니다. 절제하지 못하는 주인은 밤새도록 자기의 즐거움에 빠져 하인들의 잠을 방해하고, 자기는 늦잠을 자면서 하인들을 일찍 일어나도록 채근합니다. 스스로 미식가임을 자처하며 대식과 폭식을 하면서도 가족들에게는 절약과 근검을 강조합니다. 식솔이나 하인들을 호되게 부려먹는 주인의 집안은, 쥐와 도둑이 설치고 결국 패가망신하게 됩니다.

세상에는 음陰이 있고 양陽이 있는 법입니다. 임금은 양이고 백성은 음입니다. 임금은 국가의 근본으로 뼈대와 같습니다.

백성들은 말단으로 그림자와 같습니다. 집안에 경사스러운 일이 생기면 임금이 백성과 함께 음식을 즐기는 것이 임금다운 행동입니다. 그렇게 하면 국가가 어려움에 처할 때 백성들이 자진해서 임금을 돕는 법입니다. 임금이 의리를 지키면 백성들도 의리를 지키는데 이것을 군신유의君臣有義라 합니다. 임금의 덕이 부족하면 백성 또한 백성다울 수가 없습니다.

따라서 임금의 처신에 따라 백성의 길흉이 결정됩니다. 세상의 모든 원리와 이치는 이와 같습니다. 따라서 관상만으로 길흉을 이야기해서는 안 됩니다. 결국 길흉의 원인은 모두 자기 자신에게 있기 때문입니다. 나는 이것을 내 관상법의 진리로 삼고 있습니다. 음식을 절제하면 관상이 변합니다. 관상이 변하면 운運도 변합니다.

39 | 먹은 후 음식 말고
먹기 전 음식을 신께 바쳐라

문 問 스승님,

지금 저는 운이 대단히 나빠서 큰 고생을 하고 있습니다.

그래서 이번에 기도를 드리려고 하는데,

저의 기도에 대해 신의 응답이 있겠습니까?

답 答 신神의 응답이 궁금해 내게 묻는 그 마음이 잘못되었습니다. 참마음으로 간절히 원하는 곳이라면 신은 어느 곳에나 계십니다. 그러니 내게 물어볼 필요가 없습니다. 내게 그것을 묻는 것은 그대의 참마음이 아직 없기 때문입니다. 그대가 원하고 구하고자 하는 것은 모두 신입니다. 그렇기 때문에 신을 감동시키는 참마음이 통하면 당신의 모든 소원은 성취될 것입니다. 천일千日 낮밤을 기도해도 그 기도 속에 참마음이 없으면 신은 대답하지 않습니다.

음식은 자기의 목숨을 양생하는 근본이므로 음식을 헌납하는 일은 곧 자기 목숨을 헌납하는 것과 같은 것입니다. 하루에 세 그릇의 밥을 먹는다면 두 그릇만 먹고 한 그릇은 신에게 헌납하십시오. 이 한 그릇을 헌납할 때에는 자기가 믿는 신을 마음에 새겨 두고 진실한 마음으로 기도하면서 헌납한다면 신은 즉석에서 이를 기꺼이 받아들입니다. 또한 신에게 바치고 기도한 다음 그것을 가난하고 배고픈 이웃들에게 나누어 주십시오.

옛날부터 신은 정직한 사람의 머리에 머문다고 했습니다. 탁한 것은 받아들이지 않고 참마음만 받아 주십니다. 충분히 먹고 난 다음에 음식을 헌납한다면 신은 그것을 기뻐하지 않습니다. 따라서 자기가 먹기 전의 음식을 헌납해야 합니다. 모든 음식을 그렇게 헌납한다면 세상에 소원성취 못 할 일이 없습니다. 작은 소원은 1년, 큰 소원은 3년 정도 기도하면서 헌납한다면 소원하는 바를 반드시 얻을 수 있습니다.

옛날 센수이누호애泉州大吠라는 지역의 큰 절에서 신에게 제사를 올리는 날이 되었습니다. 큰스님이 절에서 일하는 남자에게 술을 사 오라 시켰습니다. 술을 사서 절로 돌아오는 길에 남자는 술이 마시고 싶어졌습니다. 양심이 있는 이 남자는 신에게 먼저 예의를 지켜야 한다며 커다란 바위에 술을 뿌려 기도를 한 다음 술을 마셨습니다. 술이 줄어든 것을 눈치챈 큰스님이 남자를 크게 꾸짖고 다시 술을 사 오라 시켰습니다. 이때 허공에서 큰 소리가 들려오기를 '술은 이미 바위에서 받았느니라' 하셨습니다. 신은 그 남자의 마음을 이미 받아들인 것입니다.

40 | 배 속을 8할만 채우면 병이 없고 6할만 채우면 천수를 누린다

문 問 스승님께서는

매일 덕을 쌓기 위해 신에게 먼저 바치고

나중에 가난한 사람에게 나누어 주라고 하시는데,

그 이유를 쉽게 설명해 주십시오.

답 答 매일 자기 밥그릇에 들어 있는 음식을 먹으면 똥오줌으로 변하고 맙니다. 적어도 좋으니 조금이라도 덜어 내서 자기가 신봉하는 신에게 헌납한 후 ,이것을 다시 배고프고 가난한 사람들에게 나누어 주는 일은 정말로 큰 음덕陰德입니다. 그 속에 참된 마음이 담겨져 있기 때문에 신은 한없이 기뻐하실 것입니다.

비록 그 음식이 신께서 싫어하시는 고기라 할지라도 더럽다거나 부정하다는 말을 하지 않고 그 진실을 받아 주십니다. 신은 고기가 아니라 바치는 사람의 마음을 보시는 분이기 때문입니다. 배부른 사람이 밥그릇 바닥에 남아 있는 한술의 밥을 더 먹었다고 무슨 이익이 되겠습니까? 그러나 굶주린 사람에게는 한술의 밥이 곧 생명입니다. 그렇기 때문에 베푼다는 것은 큰 자비인 동시에 음덕인 것입니다.

자기가 먹을 것을 다 먹은 후 남은 음식으로 베푼다는 것은 속임수인 동시에 죄를 짓는 것입니다. 사람이 다른 사람을 속일 수 있을지 몰라도 신을 속일 수는 없습니다. 신은 우매한 인간의 일거수일투족을 꿰뚫어 보고 있기 때문입니다. 자신의 몫을 남에게 베푸는 것이 진정한 의미의 음덕입니다. 이때 베푼다는 그 교만한 마음마저 버려야 합니다.

신은 그 마음을 보시는 분이기 때문에, 신께 간절히 기도하지 않고 남에게 베풀더라도 그 마음을 받아 주시는 분입니다. 남에게 베푼다는 우쭐하고 교만한 마음을 버리고 자기가 먹을 음식을 덜어 내어 베푼다면, 법당에 가서 기도하지 않아도 그 마음을 보시는 분입니다.

음식을 적게 먹으면 당장 배 속도 편안하고 기분도 상쾌하며 병에 걸릴 걱정도 없고 수명을 연장할 수 있습니다. 복팔분무의腹八分無醫라는 말이 있는데 배 속을 8할만 채우면 병이 없다는 말입니다. 그런데 복육분천수腹六分天數라는 말도 있습니다. 중국의 문헌에서는 배 속을 6할만 채우면 하늘이 인간에게 준 수명대로 천수天壽를 누릴 수 있다 하였습니다.

그렇게 해서 하루 세끼의 밥을 절제하면 하루에 한 되의 음덕이 되고, 한 달이면 몇 말의 음덕이 되며, 1년이면 몇 가마니의 음덕이 됩니다. 그렇게 10년이면 곳간을 가득 채울 음덕을 쌓게 되는 셈입니다. 이것을 발판으로 해서 입신출세할 수 있습니다. 이와 같이 자기 스스로 음덕을 쌓지 않으면 하늘의 복을 기대할 수 없습니다.

41 | 땅에 떨어진 곡식은
참새의 먹이로 주어라

문 問 스승님께서는

곡식을 소중히 여기십니다.

그런데 곡식을 땅에 떨어뜨리더라도

그것을 줍지 않는 것이

진정한 음덕이라고 말씀하십니다.

한 톨의 곡식이라도 버리면

천지의 덕을 잃어버리는 것 아닙니까?

답 答 곡식을 소중히 하는 그 마음은 참마음입니다. 그러나 곡식을
소중히 여기는 마음과 내가 가지려는 인색한 마음은 구별해
야 합니다. 하늘은 아버지이며 땅은 어머니입니다. 곡식은
모두 하늘에 있는 태양과 비를 받아 어머니가 낳은 자식들
입니다. 그러니 인색한 마음을 버리고 어머니에게 돌려주십

시오.

땅에 버리는 것이 아니라 자연에게 돌려준다는 마음을 가지십시오. 돌려준 곡식 한 톨은 참새를 먹이고 제비를 먹일 것입니다. 짐승이 먹지 못하더라도 다음 해에 열매를 맺게 됩니다. 곡식은 버려진 것이 아닙니다. 그것들은 모두 자연으로 되돌아가는 것입니다. 세상에는 남들이 버린 것을 받아먹고 생명을 유지해야 하는 존재도 있기 마련입니다. 따라서 자연에게 다시 내놓는 것도 하늘의 섭리입니다. 곡식은 사람에게만 귀한 것이 아니라 참새에게도 귀한 것입니다.

땅에 떨어진 곡식을 염려하지 마십시오. 그대는 곡식을 적게 먹도록 힘쓰고 미식가가 되지 않도록 경계하는 것으로 족합니다. 참새가 뱀을 먹을 수 없듯이, 자신의 신분에 과분한 음식들을 탐하면 병을 얻어 앓게 되고 결국 음식을 먹을 수조차 없는 지경에 처하게 됩니다. 이것이 자연의 섭리입니다.

42 | 부자들은 자기를
내세우지 않는다

문 問 스승님,

저는 부자가 될 관상이라 하는데

아직도 이처럼 가난합니다.

또한 저는 장사꾼이기 때문에

부자들이나 신분이 높은 귀인들과

항상 교제하고 있습니다.

성공한 사람들과의 관계를 통해서

부자가 된다고 들었는데

어찌 저에게는 그 시기가 오지 않는지

가르침을 주십시오.

답 答 부자들과 교제해야 성공한다는 그 생각이 잘못되었습니다.

그대가 비록 부자가 될 관상을 갖고 있다고 해도, 부자나 귀인들과 교제해야 성공할 수 있다는 생각을 가지고 있는 한 절대 성공할 수 없습니다. 신분이 낮은 자가 신분이 높은 자들과 교제하면 그 덕德을 잃고 마는 경우가 허다합니다.

그들과 교제하면서 이미 높이 오른 것처럼 생각하고 행동하기 때문입니다. 그래서는 결코 출세할 수 없습니다. 교제하는 부자와 귀인이 음덕陰德을 쌓은 사람들이라면 당신은 지금부터 뻗어 나갈 수 있습니다. 그들이 근면하고 소식하면서 덕을 쌓은 사람들이라면, 그들은 당신에게 큰 힘이 되므로 두려워할 필요가 없습니다. 그러나 그들이 방만하게 자기의 부와 신분을 내세우는 사람들이라면 교제할 때마다 그대도 오만하게 되고 방자하게 되는 법입니다.

오랜 세월 덕을 쌓아 부를 이루거나 신분을 높인 사람들은 자기를 내세우지 않습니다. 그러나 쉽게 돈을 번 사람들은 자기를 내세우지 못해 안달합니다. 남들이 알아주지 않기 때문에 자기를 자꾸 내세우려 하는 법입니다. 그대가 교제하려는 사람들을 나는 알지 못합니다. 그러나 거부巨富들은 대부분 소문도 내지 않고 자기를 내세우지도 않습니다. 스스로 빛나기 때문에 그럴 필요가 없습니다. 아직 가난한 사람인 그대에게 모습을 내보였다면, 그들은 십중팔구 저잣거리의 졸부(拙富)들입니다.

당신이 진정으로 크게 되기를 희망한다면 먼저 졸부들과의 관계를 끊어야 합니다. 그것에 앞서 부자들을 만나면 부자가 될 수 있다는 헛된 희망을 버려야 합니다. 그것에 앞서 그대 보다 더 어려운 아랫사람들을 소중히 대하며 교만하지 않은 자세를 가져야 합니다. 그런 다음에 참마음으로 부자들과 진심으로 교제해야 합니다. 그대가 아랫사람들에게 참마음으로 대하는 삶을 살고 난 후에 관상가를 찾아가면, 관상의 대가들은 그대의 관상이 크게 변했음을 알아차릴 것입니다.

또한 나중에 부자로 우뚝 섰을 때, 가난한 사람들이 그대에게 존경한다 말을 해도, 우쭐해하는 교만함을 경계하십시오. 그들이 그런 말을 하는 것은 당신의 부를 부러워하는 마음이 있기 때문입니다. 누군가를 부러워한다는 것은 그 속에 지나친 욕심이 숨어 있다는 것을 깨달아야 합니다. 그러한 교제는 당신을 우쭐하게 해서 미래를 망가트릴 뿐이니 꼭 명심하기 바랍니다.

43 | 빨리 자라는 대나무는 속이 비어 있다

문 問 스승님,

친구를 보면 그 사람의 됨됨이를 알 수 있다고 했는데,

부자들과 교제하지 말라는 스승님의 가르침과

모순이 있는 것은 아닌지요?

답 答 그대는 아직도 내 말의 참 뜻을 깨닫지 못하고 있습니다. 사람의 마음은 물그릇에 담기면 목마른 사람의 생명을 살릴 수 있는 귀한 물이 되지만, 술병에 담기면 생명을 망치는 술로도 변하는 법입니다.

부자들과 교제하고 싶어 하는 마음은, 하루라도 빨리 출세하고 싶어 하는 조급한 마음 때문입니다. 빨리 자라는 대나무는 속이 비어 있습니다. 대나무는 나름 그 용도가 다양하더

라도, 궁궐의 큰 기둥으로도 쓰일 수 없고 백 년 넘게 품위를 유지하는 가구로도 쓰일 수 없습니다. 그대는 궁궐의 대들보로 쓰이기 원하십니까? 식탁 위의 젓가락으로 쓰이고 싶으십니까?

그대는 아직 돈도 없고 신분도 낮은 사람입니다. 물론 참마음을 가진 부자들이나 귀인들과 교제하면 그대에게 큰 용기가 됩니다. 그러나 참마음의 부자들은 자신을 내세우지 않기 때문에 어디에 있는지 모릅니다. 그대는 겨우 저잣거리의 교만한 졸부들을 만날 수 있을 뿐입니다.

그들을 만나 교제하면 마치 자기도 갑자기 부자나 귀인이 된 것처럼 생각하게 되어 교만한 사람으로 변합니다. 얼마 남지 않은 돈을 미식과 사치로 탕진하게 됩니다. 가난한 상인에서 길거리에서 동냥하는 걸인으로 변하는 것을 나는 너무도 많이 보았습니다.

얼마 있지도 않은 재산으로 장사를 하는 사람이 부자처럼 행세하려 한다면 그 작은 장사마저 오래 지탱할 수 없습니다. 그대보다 더 낮고 가난한 이들에게 먼저 참마음으로 선善을 행하십시오. 전쟁과 같은 난세亂世일 때는 몰라도 태평

세월에서는 부자들과 교제한들 도움이 되지 않고 오히려 큰
손해를 보는 법입니다. 그대가 항상 절제하면서 가난한 사람
들에게 음덕을 쌓은 후 그들과 교제한다면, 하늘이 그대의
마음에 감복하여 비로소 복덕福德을 내릴 것입니다.

44 | 관상은 끊임없이 변한다는 것이 관상법의 근본이다

문 問 스승님,

저를 본 어느 관상의 대가는

제가 돈과 명예가 붙어 있는

복상이라 했습니다.

그런데 실제는 아주 가난해서

고생을 하고 있습니다.

주역이나 관상법이라는 것은

어째서 사실과 다른 것입니까?

답 答 〈주역周易〉에 '소인이소선 위무익이불위야小人以小善 爲无益而 弗爲也 이소악위무상이불거야以小惡 爲无傷而弗去也'라는 말이 있습니다. '소인배는 아주 작은 착한 일은 이로움이 없다 생 각해 행하지 않고, 아주 작은 나쁜 일은 해로움이 없다 생각해 버리지 않는다'는 말입니다.

선善이라는 것은 오래 쌓여야 그 가치가 빛나게 되고, 악惡이
라는 것도 오래 쌓여야 그 해로움이 나타나게 되는 법입니
다. 그대는 어찌하여 하루아침에 이루어지지 않는다 하여 조
급해 하십니까? 그 조급함이 그대를 망칠 것입니다. 하늘은
그대의 진정한 마음을 먼저 보지만, 그대가 오랫동안 쌓아
놓은 음덕陰德도 함께 보는 법입니다.

또한 관상은 항상 살아 있는 생물입니다. 복상福相을 타고난
사람이 모두 복이 있다면 관상을 볼 필요가 무엇이 있겠습
니까? 복상이라 할지라도 참마음으로 세월을 쌓아 놓지 않
으면 빈상貧相으로 변하게 마련입니다. 그래서 관상을 살아
있는 생물이라고 하는 것입니다. 이것이 바로 관상법, 즉 상
법相法의 근본입니다.

또한 빈貧하고 악惡한 상이라 할지라도 절제하여 소식을 실
천하면서 세월이 쌓이면, 자기가 가지고 태어난 관상보다 더
욱 좋아지는 것이 자연의 법칙입니다. 부귀의 상이라 할지라
도 절제하지 못해서 말년에 형벌을 당하는 자를 나는 수도
없이 보았습니다. 마음의 움직임에 따라 관상이 변하는 것이

바로 자연의 법칙입니다. 나는 평생 이 법칙이 바뀌는 것을 보지 못했습니다.

내가 관상을 보고 그 사람의 길흉에 대해서 별로 이야기하지 않는 것은 이 때문입니다. 내가 하늘의 이치와 자연의 법칙을 이야기하고 몸과 마음을 다스리는 일에 전념하는 것도 그때문입니다. 관상을 보고 길吉하다 하면 이 말에 의지해서 즐거워해 덕을 손상하게 됩니다. 또한 관상을 보고 흉凶이라고 하면 낙심하여 하고 싶은 의욕을 상실하게 됩니다. 어리석은 우리 인간들은 이 틀을 벗어나기 힘듭니다. 덕과 수양이 쌓인 사람이라도 길하다 말하면 기분이 우쭐해지기 마련입니다. 이런 이유 때문에 저잣거리의 점쟁이에게 가서 길흉을 보는 것은 경계해야 합니다.

평소 자기의 관상이 극도로 빈궁한 상이라 생각한다면, 항상 절제하여 소식을 실천해서 하늘의 음덕을 쌓도록 노력해야 합니다. 〈주역〉에 나오는 '이상견빙지履霜堅氷至'라는 말을 마음에 새기길 바랍니다. '서리도 밟아야 단단한 얼음이 된다'는 뜻으로서, 조급한 마음을 버리고 겸허한 마음으로 세월을 쌓으면 큰 인물이 될 수 있다는 말입니다.

45 | 윤리규범은 억지로 되지 않고
저절로 갖추어지는 것이다

문 問 스승님께서는

생명이나 음식에 관한 것만 말씀하시고

우리가 살아가는 데 가장 중요한 오상五常인

인의지예신仁義禮智信에 대해서는 말씀이 없으십니다.

오상이 없으면 큰 인물이 될 수 없지 않습니까?

답 쫌 하늘의 이치가 뿌리라면 오상五常, 즉 인간세상의 윤리규범
인 인의예지신仁義禮智信은 나뭇가지와 같은 것입니다. 뿌리
가 튼실하면 가지는 저절로 튼실하게 되는 것입니다. 인간은
천지의 덕을 근본으로 삼고 있으므로 큰 인물에게 오상은
저절로 갖추어지는 것입니다.

하늘의 은혜를 알게 되면 부모의 은혜도 알게 되는 것과 같

습니다. 또한 하늘이 만물을 대하는 예禮를 알게 되면 저절로 사람에 대한 예절이 바로 서게 되는 것과 같습니다. 경전을 암송하고 오상을 외우도록 강요하는 것은 근본적으로 옳지 않습니다. 그것은 저절로 나오는 것이기 때문입니다.

내가 식탐을 버리고 절제하라고 말하는 이유는 그렇게 하면 자연히 오상을 갖추게 되기 때문입니다. 절제하여 소식하는 사람은 내면이 항상 조용하고 깊게 침잠沈潛하기 때문에 저절로 오상을 깨닫게 됩니다. 절제하는 사람은 심신이 항상 안정된 상태로 살아갑니다. 대인은 음식에 의해 운명이 결정된다는 분명한 사실을 알고 실천하지만, 소인은 음식 때문에 큰일을 그르치고 운명을 손상하여 스스로 궁하게 되는 법입니다.

46 | 소식하면 품격이 갖춰지고 품격 있는 사람은 소식한다

문 問 스승님께서는

관상이 마음가짐에 따라 변화한다고 하십니다.

저는 얼굴에 나타나는 관상으로 즉시 길흉을 맞히는 것이

최고의 관상법이라 생각합니다.

스승님께서는 어찌 생각하십니까?

답 答 '관상은 항상 변한다'는 것이 내 관상법의 근본입니다. 산도 변하고 강도 변하거늘 그대는 어찌 눈에 보이는 것으로만 판단하려 하십니까? 관상에는 실상實相이 있고 무상無常이 있습니다. 나 또한 그 사람의 얼굴에서 길흉을 판단할 수 있습니다. 그러나 그 사람의 품격이 변하면 관상도 변합니다. 품격이 변하는 가장 큰 요인이 음식의 절제라는 사실을 알아야 합니다.

사람이 품격이 없으면 기분에 따라 음식의 양이 들쑥날쑥 변하게 마련입니다. 품격이 있는 사람은 식탐에 휘둘리지 않고 음식을 소식으로 일정하게 유지하게 됩니다. 역으로 음식을 소식으로 일정하게 유지하면 저절로 품격이 갖추어지게 됩니다. 소식이라는 형식이 품격이라는 내용을 만들고, 품격이라는 내용이 소식이라는 형식을 만든다는 사실을 명심하길 바랍니다. 이와 같은 하늘의 도리를 알고 실천하면 부와 명예, 그리고 천수를 누리게 될 것입니다.

사람은 품격을 갖추는 것을 근본으로 삼아야 합니다. 사람의 품격을 아는 것이 관상법 중에서 으뜸입니다. 품격이 있는 사람은 항상 소식함으로써 심신의 안정을 유지할 수 있습니다. 심신이 안정된 사람 중에 식탐이 있어 대식하는 사람을 나는 한 명도 보지 못하였습니다. 따라서 소식과 품격은 서로 주고받는 깊은 관계가 있다고 말하는 것입니다.

이와 같은 이치를 알지 못하는 사람은 평소 신중하지 못해서 우리는 그를 '품격 없는 사람'이라고 칭합니다. 음식은 몸과 마음을 가꾸어 키우는 근본입니다. 음식을 절제하지 못하는 사람은 하늘의 이치를 모르는 사람이므로, 어두운 밤에 방향을 잃어 길거리를 방황하는 사람과 같습니다. 비록 그 사람이 한때 부를 갖게 되더라도 한순간에 모두 잃게 된다는 사실을 깨닫기 바랍니다. 왜 모든 것을 잃게 되었는지도 모르고 세상만을 탓하는 사람은, 내가 무슨 말을 해도 소용이 없으니 난들 어쩌겠습니까?

47 | 떨어진 쌀 한 톨을 아끼면서
대식하는 자는 참으로 어리석다

문 問 스승님께서는

지금까지 음덕에 대해 계속 말씀하십니다.

그런데도 잘 이해가 되지 않습니다.

진정한 음덕에 대해서 좀 더 쉽게 말씀해 주십시오.

답 答 진정한 음덕陰德이란 남에게 알려지지 않게 행하는 선행을 말합니다. 남들이 보지 않는 어두운 곳에서 쌓는 덕이 진정한 음덕입니다. 곡식이 땅에 떨어져 있어도 참새를 생각해서 이것을 줍지 아니하는 것이 음덕입니다. 음식도 조금 더 먹고 싶을 때 젓가락을 놓는 것이 음덕입니다. 배 속이 6할이나 8할이 차기 전에 더 이상 먹지 않는 것도 음덕입니다. 아무리 작은 일이라도 만물을 소홀히 취급하지 않으며 소중히 여기는 것이 진정한 의미의 음덕입니다.

진정으로 음덕을 모르는 자는 한 톨의 곡식이 땅에 떨어진 것이 아깝다고 주워서 주머니에 넣습니다. 그러면서도 맛있는 음식은 배 속에 가득가득 구겨 넣습니다. 떨어진 곡식은 참새나 닭과 같은 짐승들의 모이로 사용된다는 사실을 알아야 합니다. 땅에 떨어진 쌀 한 톨이 아깝다고 하면서 밥 한 그릇을 더 먹어 똥오줌을 만드는 것은 무슨 이유입니까? 그대가 포식하는 사이에 다른 사람은 그만큼 굶주려야 한다는 사실을 알아야 합니다.

그래서야 어찌 하늘의 선물을 기대할 수 있겠습니까? 폭식으로 인해 오히려 병을 얻어 몸만 망치게 될 뿐입니다. 나는 계속해서 '하늘은 식록이 없는 사람은 태어나지도 못하게 한다'고 말하고 있습니다. 과식이나 폭식으로 자기의 식록을 젊은 시절에 다 먹어 치우면 40세가 되기도 전에 죽음이 기다릴 뿐입니다.

생명이 있는 곳에는 음식이 있고 음식이 없으면 그 생명은 죽게 됩니다. 따라서 한 끼를 헛되이 대하는 자들은 하늘이 내려 준 천수를 손상시키는 자들입니다. 따라서 미식하고 대식하고 폭식하는 자는 결국 자기의 수명을 갉아먹습니다. 눈은 뜨고 있으되 하늘의 이치를 알지 못하는 장님이나 다름이 없습니다. 마음의 눈이 멀게 되면 어둠과 밝음을 구별할 수 없게 됩니다. 그것은 많이 배운 자와 못 배운 자의 차이가 아니라 깨달음을 가진 자와 그렇지 못한 자의 차이입니다. '눈 밝은 스승도 우물에 빠진다'는 옛말을 가슴에 새기십시오.

48 | 남은 음식은 동물을 먹이지만 똥오줌은 먹일 수 없다

문 問 스승님께서는

많이 먹는 것에 대해서 지나칠 정도로 까다롭게 말씀하십니다.

그러나 손님으로 접대받는 자리에서까지 적게 먹는 것은

밥상을 차린 주인의 마음을 아프게 하는 일이라 생각하는데,

이때는 어찌해야 하는지요?

답 答 그렇더라도 음식을 절제하여 소식하는 것이 좋습니다. 까탈스럽게 먹는 것과 절제해서 먹는 것은 근본적으로 다릅니다. 손님으로 가면 밥상에 산해진미가 나옵니다. 그 음식을 먹지 않으면 버릴 것이라고 생각해서 억지로 참고 많이 먹는 것은 잘못입니다. 먹는 만큼 배 속에 들어가서 전부 똥오줌으로 변해 버린다는 사실을 알아야 합니다.

그것을 모르고 마음 아파하는 것은 큰 잘못입니다. 진실로 절제하는 사람은 언제 어느 자리에서도 소식하는 것이 변함 없습니다. 이것이 진정한 음덕이고 자비입니다. 남겨진 음식은 식솔들이나 하인들이 먹을 수도 있고 이웃과 나누어 먹을 수 있으므로 세상을 이롭게 합니다. 비록 버린다 해도 닭이나 개나 돼지 등, 가축의 먹이로 쓰일 수 있으므로 생명을 양육하는 셈이 됩니다. 그러나 똥오줌은 식물의 거름으로 쓰일지언정 다른 동물을 직접 양육할 수 없습니다.

이것이 얼핏 보기에는 음식을 소홀히 하는 것처럼 보일 수도 있습니다. 그러나 천지만물이 서로 공존하고 공생할 수 있는 방법이기 때문에 진정한 음덕이라 말할 수 있습니다. '덕德으로 득得한다'는 말이 있습니다. 베푸는 것을 덕이라고 말하고, 그 결과 하늘로부터 되돌려받는 것을 득이라고 합니다. 베푼다는 것은 주는 것인 동시에 결국 받는 것이 됩니다.

따라서 비록 한 숟가락의 음식이라 할지라도 소중히 여겨 변소에 뿌려지는 것을 경계하십시오. 배가 약간 덜 찼다고 할지라도 음식을 헌납하여 배고픈 사람들에게 나누어 주는 것이 하늘에 음덕을 쌓는 일입니다. 대식하고 폭식하면 모두 똥오줌으로 변해 그대의 덕이 그만큼 소진됩니다. 덕이 소진

되면 절대로 출세할 수 없습니다. 말년에 병들고 가난해져서 고통을 받는 사람들은 모두 덕이 소진된 사람들입니다. 그대가 하늘의 음덕을 쌓아 부와 명예를 얻게 되면 내 말의 뜻을 깨닫게 될 것입니다.

49 | 모든 덕은 타고난 것이 아니라 자기가 쌓은 덕이다

문 問 스승님,

관상을 잘 보는 것으로 유명한 사람이 말하기를

제가 굴러 넘어져 객사客死하는 상이라 합니다.

저는 아주 걱정이 되고 신경이 쓰이는데

관상의 대가이신 스승님이 보기에

제가 정말 객사하는 상입니까?

답 答 사람이 객사客死하는 것은 자신에게 원인이 있는 것이지 관상하고는 관계가 없다는 사실을 알아야 합니다. 사람뿐만 아니라 동물도 굴러 넘어져 죽을 수 있습니다. 조심성이 없이 만물을 소홀히 생각하면 누구나 객사할 수 있습니다. 이런 것을 전사輾死라고 합니다.

풀과 나무는 불에 타 재가 되면 대자연의 흙으로 돌아가는데 우리는 이것을 성불成佛했다고 합니다. 마지막이 좋은 것은 모두 성불하는 법입니다. 이와는 반대로 초목을 소홀히 취급하여 아무 데나 버리면 좀처럼 흙으로 되돌아갈 수 없습니다. 이런 것을 초목草木의 전사라고 합니다. 불행한 종말이라 말하지 않을 수 없습니다.

풀과 나무도 사람처럼 결국은 죽습니다. 불에 타서 재가 되어 대자연의 흙으로 되돌아가면 음덕을 쌓아 성불했다고 합니다. 이와 같은 심성을 가진 사람은 객사의 관상이라고 하더라도 흉운을 면하게 되고 말년에는 길한 법입니다. 사람이 먹은 음식이 똥오줌이 되어 대자연의 흙으로 돌아가는 것도 큰 의미에서는 성불이라고 말할 수도 있습니다. 내가 대식하여 똥오줌을 만들지 말라고 하는 것은, 그 전에 배고픈 사람에게 먹여야 한다는 의미이니 오해하지 말기를 바랍니다.

이를 소홀히 하는 자는 하늘의 뜻과 어긋나기 때문에 늙어서 큰 고생을 하고 굶주림으로 죽거나 객사하고 전사하는 법입니다. 세상에는 덕이 큰 사람들도 많고 덕이 없는 사람도 많습니다. 그러나 날 때부터 덕을 가지고 태어난 사람은 없습니다. 모든 덕은 자기가 쌓은 덕이지 하늘의 덕이 아니라는 사실을 명심하시기 바랍니다.

어리석은 자들은 이런 이치를 모르기 때문에 자기에게는 덕이 없다고 하면서 하늘을 원망하고 신세타령을 합니다. 그런 원망하는 마음이 근본적인 화를 자초합니다. 입으로 원망하며 그 화에 불을 붙여 스스로 망하게 합니다. 불평하고 원망하면 있던 덕도 점차 없어지기 시작하여 나중에는 조상들의 덕까지도 잃게 됩니다.

사람이 살아가는 데 가장 중요한 것으로는 의식주衣食住 세 가지가 있습니다. 이 중에서 어느 하나도 소홀히 하지 않고 절제하면 부와 명예와 장수가 완성됩니다. 그러나 매사에 절제하지 못하는 자는 교만에 빠져, 겉모습인 부와 명예와 장수만을 쫓습니다. 하찮게 보이는 의식주의 중요성을 망각하고 자기 멋대로 행동하면 결국 가난과 재난을 동시에 맞이하게 됩니다. 의식주가 하찮다 하여 소홀히 하면 가족과 친구들도 그대를 도와주지 않습니다. 이렇게 되면 다시 소박한 밥상으로 돌아가려 해도 밥상이 그대에게 욕을 퍼부으면서 도망가고 맙니다. 친구를 버린 사람이 그 친구에게 버림을 받는 것과 똑같은 이치입니다.

속에 숨어 있는 커다란 복을 보지 못하는 사람은 사소해 보이는 의식주를 무시하는 법입니다. 화려한 옷을 입고 수하를 좌우에 데리고 기생집에 가서 방탕한 생활을 하는 사람은, 결국 빈궁하고 단명하게 되는 것이 바로 그런 이유입니다. 말년에 누더기 옷을 걸치고 지팡이에 몸을 의지하는 신세가 되어 조상들의 명예에 먹칠하는 꼴이 됩니다. 나는 이런 사람을 평생 수도 없이 보았습니다. 죽을 때까지 덕 쌓기를 쉬지 마십시오. 말년의 누더기 옷과 지팡이는 모두 그대 탓임을 잊지 말아야 합니다.

50 | 음식에 대한 욕심이
자기를 공격한다

문 問 스승님,

맹자께서는 사람은 본래

선하게 태어났다는 성선설을 말씀하십니다.

그런데 사람은 태어나자마자

엄마의 젖을 탐하게 되는데 이것은 악이 아닙니까?

성선설이 맞다 하면 태어날 때부터

먹을 것을 탐하지 않고 그저 풀과 나무처럼

대자연을 섭취해야 되지 않겠습니까?

답 答 사람이 태어나자마자 젖을 탐하는 것은 풀과 나무가 뿌리에
서 물을 빨아올리는 것과 같은 이치입니다. 꽃을 꺾어 화병
에 물을 넣어 꽂아 두면 자연히 물을 빨아들여 꽃을 피웁니
다. 동물이나 식물이 무엇을 먹는다는 것은 타고난 천성이지

선악善惡은 아닙니다.

사람이 음식을 먹는다는 것은 몸과 마음을 양생하기 위한 것입니다. 그러므로 대자연의 소박하고 조촐한 음식을 먹는 것이 자연의 법칙을 실천하는 것입니다. 맛있는 음식을 탐하여 미식美食을 즐기는 것은, 과도한 양념으로 일부러 의도해서 식탐을 자극하는 것으로, 이것은 대자연의 법칙에 어긋나는 것입니다. 이것을 의식意食이라고도 하고 식식識食이라고도 부릅니다. 사람이 자기 욕심으로 대자연의 법칙을 어기므로 이것이 바로 악식惡食입니다.

아기가 젖을 빠는 것은 욕심 때문이 아니라 자연의 본성입니다. 자연의 본성과 인간의 욕심을 구분해야 합니다. 세상의 모든 악은 결국 욕심 때문에 생기는데 이것이 결국 자기를 공격하게 됩니다. 식탐과 미식은 몸과 마음을 못쓰게 만들어 집안까지 망하게 하는 지름길입니다. 관상은 끊임없이 변하는데, 음식을 절제하면 덕이 쌓여 관상도 좋게 변합니다. 내가 관상법에서 소식과 음식의 절제를 가장 중요시하는 것이 바로 이 때문입니다.

3부

밥그릇의 크기를
줄일수록
부와 장수의 크기는
늘어난다

○ ○ ○

밥그릇의 크기를 줄인다는 것은
하늘의 이치에 따르겠다는 고백과 같습니다.
나는 그것을 3년이면 충분하다고 생각합니다.
그 순간부터 부와 명예가 따라옵니다.
그 순간부터 부와 명예가 따라오지 않아도 흔들림이 없습니다.
부와 명예가 따라오지 않아도 흔들림 없는 마음의 평화가 온다면,
부와 명예가 뭐 그리 중重하겠습니까?
그러나 저의 이런 뜻을 아는 제자는 흔치 않습니다.

51 | 새벽에 태양을 향해 경배하면
100년을 넘게 산다

문 問 스승님,

관상을 보는 사람들은

제가 단명短命의 상을 가졌다고 합니다.

어떻게 하면 장수할 수 있겠습니까?

답 答 몸에 병病이 있거나 명命이 짧은 관상을 가진 사람을 병신단명病身短命의 상을 가졌다고 합니다. 이런 사람은 태양이 뜨기 전 새벽에 일어나 떠오르는 태양을 향해 절을 하고 경배하는 것이 좋습니다. 매일 그렇게 하면 심신이 건강해져서 족히 100살까지 살 수 있습니다.

영험한 선인仙人들이 실행했다는 특별한 선술仙術을 행한다거나 특별한 묘법妙法을 찾아 방황하지 말아야 합니다. 대자연의 이치는 항상 단순한 법이고 해답은 항상 가까이에 있는 법입니다. 매일 아침에 떠오르는 태양에 경배하는 일은 선술과 묘법을 넘어서 대자연의 이치에 따르겠다는 고백과 같은 것입니다. 대자연이 어찌 그대의 목숨을 일찍 빼앗아 가겠습니까?

이 방법은 내가 깨우쳐서 만들어 낸 것이 아닙니다. 내가 관상법을 배우기 위해 여러 곳을 유람하면서 수행할 때 동방의 선사仙師에게 배운 방법으로 내 나이 25세쯤에 깨우친 수행법입니다.

나도 원래는 단명의 관상을 가졌었습니다. 어떤 관상가觀相家는 내 수명이 30세까지라고 말했는데 나는 이 수행법으로 벌써 20여 년의 수명을 연장시키며 살고 있습니다. 또한 이 수행법을 깨우친 후 병신단명의 관상을 가진 사람들에게 태양을 경배하는 수행법을 전수한 결과 건강하게 무병장수하는 것을 수없이 보았습니다.

나는 어렸을 때 '관상법觀相法은 선술仙術의 하나'라는 말을 들었습니다. 그 이후 21세부터 선술의 스승을 찾아 온 나라를 순례했습니다. 그러나 불행하게도 그런 스승을 만나지 못했습니다. 그때부터 깊은 산속으로 들어가 절이나 암자 등을 기웃거리며 무진 애를 썼지만 아무런 소용이 없었습니다. 그러던 중 25세 되던 해에 오슈娛州의 금화산金花山 근처에서 드디어 스승을 만나 선도선법仙道仙法을 무려 100일 동안 전수받았습니다.

스승은 내게 많은 것을 가르쳐 주셨는데, 그중 장수법으로는 태양에 경배하는 수행법입니다. 내가 이렇게 가르쳐 줘도 실제 실행하는 사람은 1할에도 못 미친다는 것을 잘 알고 있습니다. 실천하지 않으면 아는 것도 소용없습니다. 그대가 아무리 미천한 사람이고 단명의 관상을 가지고 있다고 할지라도 이 수행법을 실행하면 100세를 산 다음 더 긴 수명을 태양의 선물로 받을 것입니다. 실천하지 않으면 결코 깨달음의 길에 들어설 수 없습니다.

52 | 식욕이없으면먹지않는것이
대자연의법칙이다

문 問 스승님,

요즘 저는 몸도 찌뿌둥하고 식욕도 없습니다.

사람들은 그럴수록 먹어야 한다고 말합니다.

무엇이 옳은 것입니까?

답 答 식욕이 없는데도 일부러 먹는 것은 대자연의 법칙에 정면으로 위배되는 행위입니다. 몸이 아파서 식욕이 없는 것은, 먹지 말고 휴식을 취하라는 대자연의 명령입니다. 몸이 아파 식욕이 없기도 하지만 항상 배불리 먹고 있어 식욕이 없기도 합니다. 밥 세 그릇을 두 그릇으로 줄이고 두 그릇을 한 그릇으로 줄여 보십시오. 맛있게 느껴질 뿐만 아니라 식욕이 절로 나는 법입니다.

진정한 마음으로 절제하는 사람은 진수성찬을 절대 부러워하는 법이 없습니다. 마음으로 절제하고 행동으로 실천하는 사람은 반찬이 부실해도 감사함으로 먹게 되어 있습니다. 절제함이 없어 음식이 목에까지 차올라야 성에 차는 사람은 산해진미山海珍味라 하더라도 맛없게 느끼는 법입니다. 따라서 음식은 배를 채우지 않는 것을 원칙으로 해야 합니다. 질병 없이 살기를 원하는 자는 배 속의 8할을 채우는 복팔분腹八分을 원칙으로 하고, 100세까지 부와 명예와 천수를 누리기 원한다면 배 속의 6할을 채우는 복육분腹六分을 실천하기 바랍니다. 이것이 신선의 경지입니다.

배 속이 덜 차면 식곤증食困症도 없고 식사 후의 뒷맛이 좋아 기분이 상쾌해지는 법입니다. 이를 알면서도 음식을 탐하는 마음이 강하여 대식하고 폭식하는 자는, 도둑질이 나쁜 줄 알면서도 남의 물건을 훔치는 자와 같습니다. 그것은 마치 잠시 후에 죽을 줄도 모르고 불 속으로 뛰어드는 날벌레와 같은 것이 아니고 무엇이겠습니까?

53 | 현세에서 절제하면
내세에서 큰 보답을 받는다

문 問 스승님,

저는 아직까지 자식이 없습니다.

매사에 절제해서 재물과 명예를 쌓는다 해도

그것을 물려줄 자손이 없습니다.

따라서 저는 죽은 후의 일을 생각하지 않게 됩니다.

제가 가진 것을 평생 마음대로 쓰고

아무것도 남기지 않겠다는 저의 생각을

스승님께서는 어떻게 보십니까?

답 答 그것은 대단히 잘못된 생각입니다. 우리 인간의 생명은 불생
불멸不生不滅입니다. 불생불멸이란 생겨나지도 않고 없어지
지도 않고 항상 그대로 변함없다는 뜻입니다. 한번 인간으로
서 이 세상에 태어난 사람은 내세來世에서 또 인간으로 태어

납니다. 불교에서는 인간을 인연인과의 동물이라 말합니다.

인연이란 원인을 만드는 것을 말하고 인과란 그 원인을 완수하는 것을 말합니다. 이 세상에서 나쁜 원인을 만든 사람은 저세상으로 돌아가 그 나쁜 원인에 따른 결과를 걸머지고 살아가야 합니다. 또한 이 세상에서 덕을 쌓아 좋은 인연을 맺은 사람은 저세상으로 가 그 결과를 누리며 행복하게 됩니다. 그대가 이 세상에서 쌓은 덕은 절대 사라지는 것이 아니라는 사실을 명심하기 바랍니다. 이 세상에서 방탕한 생활로 악을 쌓은 사람이 어찌 저승에서 영화를 누릴 수 있겠는가 말입니다.

자식이 없다 하여 절제하지 않고 방탕한 생활을 한다면 이 세상에 다시 태어난다 하더라도 거지꼴을 면치 못할 것입니다. 과거나 현재나 내세나 모두가 자기 행위의 연속입니다. 자기 자신을 사랑하지도 못하면서 어찌 남들의 사랑을 바랄 수 있겠습니까? 음식을 절제해서 덕을 쌓으면 이 세상뿐만 아니라 저세상에서도 자기를 도와준다는 것은 나의 주장이기도 하지만 대자연의 법칙입니다.

54 | 빌어먹을 관상도
소식하면 바뀐다

문 問 스승님께서는

음식을 절제하여 소식하면

부와 장수가 저절로 따라온다고 하십니다.

저는 젊어서부터 음식을 절제하여

소식을 실천하고 있습니다.

그런데도 아직까지 가난을 면치 못하고 있습니다.

그래서 음식을 절제하고 소식을 실천하는 것이

과연 효과가 있는 것인지 의심이 갑니다.

스승님의 고견을 듣고 싶습니다.

답 答 그대의 관상을 보니 하늘로부터 받은 복록福祿이 적고 세상
에서 빌어먹을 상입니다. 그러나 젊었을 때부터 식탐을 버리
고 절제한 탓에 지금은 하늘의 복록도 늘어났습니다. 지금

비록 부자는 못 되더라도 평생 남에게 손을 벌려 밥을 빌어 먹는 일은 없을 것입니다. 세상에는 빌어먹는 사람이 지천에 깔려 있습니다. 부자가 못 되는 것을 염려하지 말고 빌어먹지 않는 것을 감사해야 합니다.

그러나 당신과 같은 빈궁한 관상을 가진 자가 식탐을 못 이겨 포식하게 되면, 비록 재산가라 할지라도 당대에 거지가 되는 사람들을 많이 보았습니다. 또한 그대에게는 고독孤獨의 상이 있지만, 반면에 좋은 자식이 생길 수 있습니다. 자식은 말년의 큰 재산이 됩니다. 비록 유복한 삶을 살고 있다고 하더라도 말년에 자식이 없으면 고독하게 되고 빈궁하게 됩니다.

그대는 젊어서부터 음식을 절제하고 소식을 실천해 왔습니다. 따라서 그대는 말년에 자식에 의지할 일도 없고, 자식으로 인해 고통받는 일도 없을 것입니다. 지금 유복하지 못하다고 탄식하는 것도 탐심貪心입니다. 부족하다는 사실을 알고 더욱 음식을 절제하면 관상이 변하게 됩니다. 그때서야 비로소 하늘의 복록福祿이 늘어나고 자손이 번창할 것입니다.

55 | 밥그릇의 크기를 줄일수록
부와 장수의 크기는 늘어난다

문 問 스승님,

저는 육체노동은 별로 하지 않는 편입니다.

그런데 먹는 것만은 대식하고 폭식합니다.

아직까지 식사의 양을 정하지 못해

갈팡질팡하고 있습니다.

그래서 오늘부터 밥그릇을 조금 작은 것으로 바꾸고

매일 두 끼만 먹으려고 생각합니다.

이렇게 3년 동안 실행하면

부와 장수를 얻을 수 있겠습니까?

답 쬼 밥그릇의 크기는 그 사람의 신분에 따라 다릅니다. 도시에
사느냐 농촌에 사느냐에 따라 또한 다릅니다. 도시에 사는
사람은 육체노동보다는 정신노동에 종사하는 사람이 많기

때문에 작은 밥그릇을 사용하고, 농촌에 사는 사람은 항상 몸을 움직이는 육체노동에 종사하기 때문에 큰 밥그릇을 사용해야 합니다.

신분이 높은 귀인은 큰 밥그릇을 사용하지 않으며, 신분이 낮고 육체노동에 종사하는 자는 작은 밥그릇을 사용하지 않습니다. 밥그릇의 크기는 하늘이 그 사람의 신분에 맞게 내려 준 것입니다. 그래서 밥그릇을 천목天目이라고 부릅니다.

봉황이 물만 먹는다는 사실을 기억해야 합니다. 하늘이 내려 준 밥그릇의 크기를 줄일수록 부와 장수의 크기는 늘어날 것입니다.

밥그릇의 크기를 줄인다고 당장 변화가 있는 것은 아닙니다. 밥그릇의 크기를 줄인다는 것은 절제함으로써 하늘의 이치에 따르겠다는 고백과 같습니다. 고백한 후 실행에 옮겨야 합니다. 나는 그것을 3년이면 충분하다고 생각합니다. 3년을 실행하면 마음이 충분히 가라앉아 안정을 이룹니다. 3년이 지나면 그것이 몸과 마음에 깊이 각인되어 흔들림 없는 지표가 됩니다.

그 순간부터 부와 명예가 따라옵니다. 그 순간부터 부와 명예가 따라오지 않아도 흔들림이 없습니다. 부와 명예가 따라오지 않아도 흔들림 없는 마음의 평화가 온다면, 부와 명예가 뭐 그리 중하겠습니까? 그러나 저의 이런 뜻을 아는 제자는 흔치 않습니다.

56 | 배 속을 8할만 채우면
내장이 입을 닫는다

문 問 스승님,

어떤 사람들은 배가 든든해야

선행을 베풀 수 있다고 합니다.

그런데 스승님께서는 배부르게 먹지 말고

복팔분腹八分해야 장수하고 부를 누린다고 말씀하십니다.

복팔분이란 어느 정도를 말하는지 말씀해 주십시오.

답 答 중국의 고전에 '복팔분무의腹八分無醫'라는 말이 있습니다.
'배 속에 8할만 채우면 의사가 필요 없다'는 말로서 건강과
장수의 비책으로 전해집니다. 높은 벼슬을 한 사람이나 저잣
거리의 미천한 사람이나, 몸에 병이 드는 것은 모두 음식을
절제하지 못해서 생기는 일입니다. 음식을 절제하지 못하는
사람은 그가 비록 높은 신분이라고 해도 진정한 인격자라

말할 수 없습니다.

사람 몸집의 크기에 따라 식사의 적정량이 있게 마련입니다. 두 그릇 또는 세 그릇이 적당한 사람이 있는가 하면 네 그릇 또는 다섯 그릇이 적당한 사람도 있습니다. 따라서 세 그릇을 먹었을 때 배가 부른 사람은 두 그릇 반으로 줄이는 것이 복팔분의 이치입니다. 배 속의 8할만 채우는 것을 말하는데, 조금만 더 먹고 싶다고 생각될 때에 숟가락을 놓는 것이라고 생각하면 틀림없습니다.

사람이 배가 고프다고 느낄 때에는 내장이 절로 그 입을 여는 법입니다. 그리고 복팔분하면 자연히 그 입을 닫습니다. 이때 숟가락을 놓으면 되는데, 사람들이 욕심을 부려 더 먹기 때문에 내장의 입이 닫히지 않는 것입니다. 이것이 계속되면 음식이 목까지 차올라야 만족감이 느껴지는 악순환이 반복됩니다. 이것을 숙식宿食이라고 부르는데 만병의 근원인 동시에 흉운凶運의 원인이 됩니다. 운이 따르지 않고 몸이 병드는 것은 모두 음식으로부터 일어난다는 사실을 알아야 합니다.

57 │ 신을 향한 기도보다
자신을 향한 절제가 우선이다

문 問 스승님께서는

과거와 현세와 내세의 삼세에 걸쳐 구제받기 위해서는

음식을 절제하라고 말씀하십니다.

그런데 제가 존경하는 가난한 수도승께서는

나쁜 인연을 풀고 미래에 잘 살기 위해서는,

부처님을 부르며 정신을 하나로 모으는 염불삼매,

즉 기도에 들어가라고 말씀하십니다.

저도 기도가 옳은 방법이라 생각합니다.

음식을 절제하는 것이 왜 과거와 현세와 내세에 걸쳐

구제가 되는지 알고 싶습니다.

답 答 염불念佛이나 기도가 소중한 것은 말할 필요가 없습니다. 큰
절에 살면서 화려한 승복을 입고 염주를 손가락 끝으로 하

나씩 굴리면서 열심히 염불삼매念佛三昧하는 스님이 많습니다. 그러나 이 기도는 너무 높은 곳에 있어서 일반 대중들에게 닿지를 않습니다. 그러나 가난한 수도승은 집도 절도 없이 누더기를 걸치고 길거리에서 염불을 하고 있어도, 항상 낮은 곳에서 일반 대중들과 교제를 하고 있기 때문에 이 기도가 세상과 손을 잡는 것입니다. 또한 그 산해진미를 외면하고 소식으로 절제하고 자기 음식을 거지들과 나누기 때문에 그 덕德이 돌고 돌아 쌓이기 때문에 일반 대중으로부터 존경을 받는 것입니다.

이와는 달리 열심히 기도하고 정진하는 큰 절의 큰스님이라 할지라도, 음식을 배불리 먹음으로써 자기의 덕을 손상시킨 스님은 일반 대중들이 그를 받아들이지 않습니다. 나는 지금 기도가 중요하지 않다고 말하는 것이 아닙니다. 부처님을 향한 기도보다 나 자신을 향한 절제가 먼저입니다. 화려한 승복을 버리고 누더기를 걸친 그 수도승의 마음이 기도보다 중요합니다.

현세에서 절제하는 사람은 임종도 안락한 법입니다. 가족들에게 분란을 일으키지도 않고 수고로움도 끼치지 않은 상태로 조용히 숨을 거두는 법입니다. 사람은 말년의 마음가짐에 따라 내세가 결정됩니다. 따라서 내세의 안락을 희망한다면 현세에서 음식을 절제하십시오. 편안한 임종은 저절로 따라오는 것입니다. 음식을 절제하여 소식함으로써 현세와 내세가 구원받는다는 말은 내가 만든 말이 아닙니다. 모두 경전經典에 기록되어 있습니다. 나는 그것을 그대에게 쉽게 풀어서 말하는 것뿐입니다.

58 | 부동심의 경지는 음식 절제가 관문이다

문 問 스승님께서는 밤낮없이 기도한다 해도

음식을 절제하여 소식하지 않으면

깨달음을 얻지 못한다고 말씀하십니다.

그런데 저는 많은 덕망 높은 스님들의

불법에 대한 설교는 많이 들었지만,

음식의 절제가 깨달음의 경지와 관련 있다는 말은

도무지 들어 본 적이 없습니다.

음식을 절제해야 한다는 스승님의 주장은

혹시 독단적인 의견은 아닌지요?

답 答 깨달음의 경지는 정신을 다스리는 것을 그 시작으로 합니다.

음식을 다스리는 것이 정신을 다스리는 첫걸음이라는 사실

을 그대는 깨우쳐야 합니다. 모든 일에 있어 마음이 흐트러

지는 가장 최초의 발단은 음식이기 때문입니다.

어떤 일이든 경지에 오르려면, 흔들리지 않는 마음인 부동심不動心을 가져야 한다고 말합니다. 때로는 그것이 길고 지루한 인생으로 비칠 수도 있습니다. 그러나 모든 최고의 경지는 그처럼 느리고 지루한 작은 습관에서 시작한다는 사실을 깨우쳐야 합니다. 음식을 절제하고 소식을 하게 되면 마음이 가라앉고 부동심의 경지에 들어갑니다. 부동심의 경지에 들어가면 깨달음을 얻기가 쉽고 큰 경지에 오를 수 있습니다.

술이나 고기를 많이 먹으면 순간적으로 의식이 활발해지는 것처럼 보이지만, 마음이 흐트러져서 뜻밖의 좋지 못한 일과 맞닥뜨리게 됩니다. 음식을 탐하는 마음이 생기면 과식하고 폭식하게 되는데, 그 식탐으로 인해 우울한 마음과 무거운 몸이 만들어집니다. 그런 몸과 마음으로 어찌 깨달음의 경지에 이를 수 있겠습니까? 젊어서 죽거나 말년에 망하는 모든 원인은, 음식을 탐하는 그 식탐에서 시작된다는 사실을 깨우치십시오.

큰 경지에 오른 스님들 중에 오전 10시 이후에 어떤 음식도 먹지 않는 분들이 계십니다. 이것은 모두 기氣를 안정시켜 마음을 다스리기 위함입니다. 그대가 진정으로 큰 경지에 오르려면, 하루 세 끼를 두 끼로 줄이도록 해 보십시오. 남은 음식을 신에게 봉헌한 후에 이를 거리의 가난한 사람들에게 나누어 주십시오. 더 높은 경지에 오르기 원하거든 그 두 끼를 한 끼로 줄이도록 하십시오. 하루에 한 끼만 먹으면 더 빨리 더 높이 경지에 오를 수 있습니다.

음식을 절제하고 소식하면 빨리 부동심을 얻을 수 있어서 그대가 원하는 것을 빨리 성취할 수 있습니다. 음식을 절제함으로써 현세에 부와 장수를 누리고 다음 생에도 구원을 받는다는 말은 내가 만들어 낸 말이 아닙니다. 모두 불교 경전에 있는 말로서, 〈육합경六合經〉과 〈일체경 一切經〉을 참고하십시오.

59 | 매일 술을 마셔도 절제하는 사람은 100세를 넘게 살 수 있다

문 問 스승님,

저는 평소 음식을 절제하고 소식을 실천하고 있습니다.

그런데 술을 좋아해서 절제가 잘되지 않습니다.

남에게 폐를 끼치지 않고 건강에 지장을 주지 않는다면

큰 문제가 없다고 생각하는데 스승님의 고견을 듣고 싶습니다.

답 答 나도 한때 술을 많이 마셔 봐서 그대의 마음을 잘 압니다. 술이란 것은 조금 마실 때는 원기가 생기고 혈액순환이 잘됩니다. 또한 사회생활에 도움이 될 수 있습니다. 그러나 많이 마실 때에는 결국 사단이 나고 맙니다. 대주大酒하다가 생명을 잃는 사람도 나는 많이 봤습니다. 신神은 대주하는 사람을 결코 도와주지 않습니다.

술자리라는 것이 조금 마실 때는 웃음이 있어 화기애애합니다. 그러나 점차 술을 많이 마시게 되면 우울해지기도 하고 고통스러워집니다. 우리 몸과 마음에는 신이 깃들어 있습니다. 몸이 고통스럽고 마음이 우울해진다는 것은 신이 그것을 싫어하기 때문입니다.

술을 많이 마신 다음 날은 속도 편치 않습니다. 또한 갑자기 늙었다는 기분도 들 때도 있습니다. 몸이 편하지 않다고 생각하여 이것을 약으로 고치려고 합니다. 약이란 것은 일시적으로 고통을 잊게 할 뿐이라는 사실을 잊지 마십시오.

약을 먹고 기분이 회복되면 어제의 고통을 잊어버리고 다시 대주하고 폭음하게 되는 것이 다반사입니다. 이와 같은 악순환이 몇 년 동안 계속되면 아무리 장수의 관상을 가진 사람이라 할지라도 신이 더 이상 도와줄 수 없습니다.

100세 장수하는 사람 중에 매일 한두 잔씩 술을 마시는 사람도 많습니다. 그들이 매일 술을 마시기 때문에 장수하는 것이 아니라 절제하기 때문에 장수하는 것이라는 사실을 명심하십시오.

60 | 부자 흉내는
가난을 자청하는 일이다

문 問   스승님,

저는 유복한 관상을 타고났다는 말을 많이 들었습니다.

그런데도 아직 가난을 면치 못하고 있습니다.

저는 새를 좋아해서 오랫동안 많은 새들을 키우고 있습니다.

출세영달을 하지 못하는 것이 새를 키우는 것과

관련이 있는 것인지 가르침을 주십시오.

답 答   새들을 키우고 즐기는 것은 신분이 높은 사람이나 유복한
사람들이 심심풀이 취미생활로 하는 것입니다. 아직 가난한
자가 그들이 누리는 즐거움을 먼저 느끼려 하기 때문에 출
세와 영달을 못 하는 것입니다. 출세와 영달은 일은 하지 않
고 즐기는 사람에게 찾아오지 않습니다. 지금의 신분보다 더
높이 오르는 과정에서, 절제함을 즐거움으로 삼고 있는 사람

에게 찾아오는 법입니다.

새들을 새장에 가두는 것은 그대의 즐거움을 위한 것이지 새들의 기쁨을 위한 것이 아닙니다. 새들은 하늘을 날 때 비로소 행복한 법입니다. 부자들의 사치를 즐기고 자연의 법칙을 어기는 사람이 어찌 출세와 영달을 바랄 수 있겠습니까?

찢어지게 가난한 사람이 부자의 흉내를 내는 것을 구빈求貧이라고 합니다. 구빈이란 '자기 스스로 가난하게 될 것을 자청한다'는 뜻입니다. 새들을 키운다는 것은 비록 짧은 시간이라 하더라도 그만큼 자기의 일에 전념하지 않는다는 것을 의미합니다. 이와 같이 쓸데없는 취미를 삼가지 않으면 기르는 새와 같이 됩니다. 그대가 키우는 새장의 새들처럼 평생 가난이라는 새장에 구속되고 만다는 말입니다.

먼저 일에서 즐거움을 찾기 바랍니다. 일에서 절제하는 즐거움을 찾는다면 부와 명예는 저절로 찾아옵니다. 나는 그대가 부자가 되어서도 새를 키우지 않기를 바라지만, 그 여유로움 속에서 새를 키워도 늦지 않습니다. 부자의 흉내를 내려고 하는 당신의 마음에서 모든 문제가 생깁니다. 그렇게 살면 평생 가난을 면할 수 없습니다.

61 | 밤에 일하면 가난해지고
늦게 일어나면 단명한다

문 問 스승님께서는

비록 관상이 나쁘더라도

늦잠을 자지 않고 아침 일찍 일어나는 사람은

운이 차차 좋아진다고 말씀하십니다.

저는 물건을 만드는 일을 하는 공인ㅈㅅ이라서

밤에 주로 일을 하는 까닭에

아침 일찍 일어나지를 못합니다.

어찌하면 좋겠습니까?

답 쫍 사람이 밤에 일을 한다는 그 자체가 대흉서씨입니다. 사자나 호랑이처럼 다른 동물을 잡아먹는 육식동물을 제외하고 대부분의 동물은 밤에 잠을 잡니다. 이것이 대자연의 법칙입니다. 이 법칙을 어기면 반드시 대가를 치르게 되어 있습니다.

그대는 물건을 만드는 공인工人입니다. 누군가 그대에게 아침 일찍 찾아갈 것이니 아침까지 물건을 만들어 놓으라고 주문했다고 칩시다. 이때 대부분의 공인들은 시간이 부족함을 염려하여 밤에 일을 합니다. 그러나 당신에게는 새벽시간이 있습니다. 남들이 자고 있는 새벽시간에 일찍 일어나 등불을 밝히고 일을 하기 바랍니다. 그렇게 하면 태양의 운행과 맞물리게 되므로 그대의 운運과 기氣가 돌고 돌아서 복을 받고 장수하게 됩니다.

남들 자는 시간에 일을 한다는 것은 아침에 늦게 일어나는 것을 전제로 합니다. 성공한 사람 중에 늦게 일어나는 사람을 나는 평생 보지 못했습니다. 새벽에 일어나면 세상도 조용해서 일의 능률도 오르는 법입니다. 새벽은 태양의 운행이 시작하는 시간입니다. 새벽과 손을 잡고 일하는 것은 대자연의 이치에 순종하는 것이므로 대자연이 큰 복을 내릴 것입니다. 아침에 늦잠 자면 가난해지고 일찍 죽게 되는 것이 자연의 이치입니다. 직업을 탓하지 말고 일찍 일어나는 것을 꺼려 하는 당신을 탓해야 합니다.

밤은 어두워서 음陰이라 하고 낮은 활발해서 양陽이라 합니다. 그대가 양을 택하든 음을 택하든 모두 당신의 몫입니다.

하늘을 원망하지 말기를 바랍니다. 성공하는 사람은 항상 '내가 운이 좋았다'며 자기를 낮추고, 실패하는 사람은 항상 '운이 나빴다'며 남 탓 세상 탓을 하는 법입니다. 나는 여기에서 예외 되는 경우를 평생 한 번도 보지 못했습니다.

62 | 천한 용모는
천한 마음에서 생긴다

문 間 스승님께서는

여자의 관상은 보지 않는다고 하십니다.

그러나 벼슬길에 오른 여자도 있고

장군이나 제후 중에도 여자들이 있습니다.

그런데도 여자의 관상을 보시지 않는 이유는 무엇입니까?

답 쏩 남자를 양陽이라 하고 여자를 음陰이라 합니다. 하늘을 양이
라 하고 땅을 음이라 합니다. 이는 높고 낮음을 구분하는 것
이라 조화를 일깨우는 말입니다. 그러나 음은 양을 따르는
법입니다. 어둠은 태양을 따르고 땅은 하늘의 변화에 따라
달라지는 법입니다.

여자는 남자에게 순종해야 한다는 말은 남자에게 부드럽게

대하라는 말과 같습니다. 이것은 또한 주군과 신하의 관계가 아닙니다. 잘못된 남자의 마음을 깨우치게 하는 것도 여자의 부드러움입니다. 여자가 부드러울 때 비로소 가정이 조화를 이루게 됩니다.

이와 같이 이상적으로 부드러운 여성은 신분이 높고 용모가 귀한 사람에게 많습니다. 신분이 낮고 용모가 천한 여자 중에 부드러운 사람을 나는 그리 많이 보지 못했습니다. 용모는 그 사람 마음의 발현이기 때문입니다. 나는 지금 잘생기고 못생긴 얼굴만을 말하는 것이 아닙니다.

천한 마음이 얼굴에 새겨진 천한 여자에게 솔직하게 관상을 말해 봤자 내게 소득이 없습니다. 물론 낮은 신분의 여자 중에도 좋은 관상을 가진 사람이 있습니다. 그런데 마음이 천한 여자에게 길상吉相이라는 결과를 말해 주면 문제가 생깁니다. 기뻐서 어찌할 바를 모르고 함부로 행동하며 남편에게 덤벼듭니다. 남편이 집안을 제대로 다스릴 수가 없기 때문에 형편이 차차 어려워집니다. 그렇게 되면 내 관상은 좋은데 남편의 관상이 나빠서 이 고생을 한다고 남편을 원망하게 됩니다. 나는 이런 여자를 많이 보았습니다.

남편의 관상이 나쁘다 하더라도 아내가 절제하고 마음가짐이 좋으면 남편이 감동하여 운이 트이고 집안이 흥하게 됩니다. 나는 천한 여자의 관상을 볼 때에는 길상을 길상이라 말하지 않고 흉상을 흉상이라 말하지 않습니다. 다만 잘되려면 이렇게 해야 한다고 미래의 일에 대해서만 이야기할 뿐입니다.

그러나 신분이 높고 귀한 여자는 남편에게 잘 순종하기 때문에, 가족이 조화를 이루어 하나가 됩니다. 이때 남편과 아내의 운세가 모두가 다르지 않고 똑같이 나타납니다. 나라가 어지러운 것은 모두 여자 때문이라고 말하는 사람들이 있습니다. 이것은 모두 미천한 남자들의 변명입니다. 밝은 곳을 향하십시오. 여자가 삼가고 남편에게 순종하면 나라가 더 태평해진다고 말해야 합니다.

63 | 하루 좁쌀 여섯 알을 먹은 부처님을 본받으라

문 問 스승님,

부처님께서는 설산雪山에서 수행하고 계실 때

하루에 좁쌀 여섯 개로 식사를 했다고 합니다.

아무리 부처님이라고 하더라도 하루 좁쌀 여섯 개로는

생명을 유지할 수 없다고 봅니다.

스승님께서는 어찌 해석하십니까?

답 答 생명을 가진 동물 중에 먹지 않고 살아갈 수 있는 동물은 없습니다. 비록 부처님이라고 해도 하루 여섯 개의 좁쌀로 목숨을 이어 갈 수는 없습니다. 이것은 부처님께서 설산雪山에서 수행하실 때 자기 몫의 음식을 최소한으로 줄였다는 뜻입니다.

기름진 음식에 눈을 부라리며 씹지도 않고 털어 넣는 무절제한 인간을 타이르시는 말씀입니다. 좁쌀 한 알을 천천히 씹듯이 절제하여 소식하면 이루지 못할 것이 없습니다. 음식을 탐하는 마음, 즉 식탐을 버리면 마음이 차분히 가라앉게 됩니다. 그렇게 가라앉은 마음으로 식사를 하면 좁쌀로 지은 밥도 먹을 수 있습니다. 또한 좁쌀 한 알씩 먹듯이 기도하듯 먹으면 마음도 차분해지는 법입니다. 이는 실행해 보지 않으면 알 수 없습니다. 실행하지 않으면 지식이 아닙니다.

부처님의 좁쌀수행은, 절제하고 소식하면 큰 깨달음을 얻을 수 있다는 것을 상징적으로 표현한 것입니다. 부처님의 마음을 닮아야 합니다. 또한 부처님의 행동을 닮아야 합니다.

64 | 운은 하늘에서 떨어지는 것이 아니다

문 問 스승님,

저는 입신영달을 위해 음식을 절제하여

소식을 실천하고 있습니다.

그런데도 운세가 자꾸 나빠져서 힘든 일들을 겪고 있습니다.

운세의 길흉은 절제와 관계가 없는 것처럼 생각됩니다.

강한 운세를 가진 자는 마음을 신중히 하거나

음식을 절제하지 않더라도

입신영달을 할 수 있는 것입니까?

답 答 '음식을 절제해서 입신영달을 해야겠다'는 그 마음이 잘못되
었습니다. 입신영달이란 결과로서 주어지는 것이지 그것이
목적이 되어서는 절대 안 됩니다. 그러나 절제하고 소식하면
서 뛰어난 성공을 거두는 사람에게, 하늘이 더욱더 고통을

주는 경우도 있습니다. 이것은 하늘이 그 사람을 그가 하는 분야에서 더욱더 크게 완성시키기 위해서입니다.

시련에 맞닥뜨렸을 때, 그릇이 큰 인물은 의심하지 않고 더욱더 분발하여 끝까지 정진하기 때문에 마침내 천하에 그 명성을 날리게 됩니다. 이와는 반대로 그릇이 작은 소인배는 신중함이 없이 의심하고 하늘을 원망합니다. 그래서 고난을 이기지 못하여 떠돌아다니다가 결국 망하게 됩니다.

실패하는 사람은 언제나 세상을 탓하고 남을 탓하고 하늘을 탓합니다. 성공하는 사람은 본인의 고군분투 때문임에도 불구하고 하늘이 돕고 남이 도왔다고 말합니다. 한마디로 운이 좋았다고 자신의 성공을 겸손하게 감춥니다. 이것이 성공하는 사람과 실패하는 사람의 차이입니다.

저잣거리의 미천한 사람들은 운運이란 하늘에서 뚝 떨어지는 것이라고 생각합니다만 그것은 아주 큰 착각입니다. 운이라는 글자는 원래 '돈다'順라는 뜻입니다. 길하거나 흉한 모든 일들은 자기의 겸손한 마음가짐과 절제하는 행위에 따라 돌고 돌면서 결국 자신에게 돌아온다는 뜻입니다.

또한 운이라는 말에는 '보상한다'라는 뜻도 있습니다. 자기의 일시적인 쾌락이나 즐거움만을 추구하는 사람에게는 고통으로 보상하는 법입니다. 또한 운이라는 말에는 '운반한다', '거둬들인다'는 뜻도 있습니다. 평소 자기가 행한 일이 비록 작은 선행이라도 이것을 차츰 쌓아서 부와 명예로 거둬들일 수 있다는 뜻입니다. '운은 하늘에서 갑자기 뚝 떨어진다'거나 '나는 운이 나빠서 실패했다'고 말하는 사람에게는 절대 운이 찾아오지 않는다는 사실을 명심하십시오.

65 | 옷과 집이 화려하면
맘고생이 끊이지 않는다

문 問 스승님께서는

의식주 중에서 음식을 가장 중하게 생각하십니다.

음식을 신중히 하면 입는 옷이나 사는 집은

어느 정도 사치해도 되는지 알고 싶습니다.

답 答 나는 음식이 더 중요하다고 말할 뿐, 옷이나 집이 덜 중요하

다고 말하지 않습니다. 옷이나 집도 자기 신분에 맞아야 길

한 법입니다. 세상에서 가장 힘든 것이 마음고생입니다. 입

는 옷이나 사는 집이 자기 신분보다 화려한 사람은 겉을 꾸

미는 사람입니다. 겉을 꾸미는 사람은 '남들이 나를 어떻게

봐 줄까' 항상 고민하는 사람입니다. 이런 사람에게는 맘고

생이 끊임없이 생기는 법입니다.

이와는 반대로 옷차림이나 집이 자기의 신분에 비해 소박하고 검소한 사람은, 항상 내면이 차고 넘쳐서 근심걱정이 없는 삶을 살게 됩니다. 일반적으로 함부로 먹고 마시는 자는 사치스런 옷이나 장신구로 치장하게 됩니다. 또한 누가 자기 집이 누추하다 말할까 봐 노심초사하여 빚을 내어 지붕을 높이 올리거나 연못을 만들기 일쑤입니다. 이런 사람들은 자신을 기만하고 세상을 기만하는 자로서, 평생 마음고생만 하다가 자식들에게 빚을 남기고 생을 마감합니다. 나는 이런 자들을 평생 수도 없이 보아 왔습니다.

그러나 진정한 마음으로 음식을 절제하여 소식하는 사람은 자기의 신분을 알기 때문에 매사에 사치하지 않습니다. 그래서 내가 의식주 중에서 음식이 근본이라 말하는 것입니다.

옛 선인들은 음식은 음陰에 속하고 의복과 집은 양陽에 속한다 말씀하십니다. 음식은 우리 몸 안으로 들어가야 효력을 발휘하기 때문에 음의 근본입니다. 조용히 검소하게 먹으면 음덕이 쌓이기 때문에 길吉이라 하고, 절제함이 없이 대식하고 폭식하면 음덕이 밖으로 도망가므로 흉凶이라 합니다. 또한 의복과 집은 우리 몸 밖에 있기 때문에 양陽인데, 자기의 분수에 맞는 것이 길하다 하고 지나치게 화려한 것을 흉하다 하였습니다. '남에게 보여 주고 싶어 하는 마음', 이것이 모든 근심걱정의 근원입니다.

66 | 운을 탓하지도 말고 관상을 논하지도 말라

문 問 스승님,

저는 젊었을 때부터 운이 나빠서 몹시 고생을 했습니다.

이것은 태어날 때부터 천운天運이 없어서 그런 것인지,

아니면 관상이 나빠서 그런 것인지를 설명해 주십시오.

답 答 운이 없다고 한탄하는 사람은 당신뿐만이 아닙니다. 운이 없다고 조상을 탓하거나 하늘을 원망하는 사람도 많습니다. 평생 세 번의 운이 온다고 말하는 사람도 있고 운이란 아예 없는 것이라고 말하는 사람도 있습니다.

그러나 나는 '운이란 하늘의 별처럼 무수히 많다'고 말합니다. 나는 또한 '운이란 별이 뜨고 별이 지듯이 끊임없이 돌고 돈다'고 말합니다. 운이란 하늘에서 떨어지는 것이 아니라 돌고 도는 것이기 때문에 잡는 사람이 주인입니다.

그러나 운이란 것은 항상 준비된 사람만이 잡을 수 있는 법입니다. 따라서 움직이는 운을 잡기 위해서는 음식을 절제하고 소식하면서 음덕陰德을 쌓아야 합니다. 남에게 보여 주기 위해서가 아니라 보이지 않는 곳에서 조용히 쌓는 것을 음덕이라 합니다. 음덕을 쌓지 않고 운을 공짜로 먹으려는 조급한 마음으로는 운을 잡을 수 없습니다. 남 탓과 세상 탓을 하는 사람은 운이 코앞에 나타나도 절대 잡을 수 없습니다.

〈주역周易〉에 '거상위이불교 재하위이불우居上位而不驕 在下位而不憂'라는 말이 있습니다. '높은 자리에 있다고 해서 교만하지 말고, 낮은 자리에 있다고 해서 원망하지 말라'는 뜻입니다. 사람이 높은 자리에 있는 것도 하늘의 뜻인 천리天理이고 낮은 자리에 머물게 하는 것도 하늘의 뜻입니다. 높은 자리에서 교만하게 행동하거나 낮은 자리에서 원망하는 것은 천리를 역행하는 것입니다. 천리를 역행하는 자는 절대 운을 자기 것으로 가져올 수 없습니다. 설사 운이 하늘에서 떨어진다 해도 손에 쥐기도 전에 달아납니다.

땅에 태어난 이상, 운이 없는 사람은 없습니다. 땅에 태어난 이상, 운이 나쁜 사람도 없습니다. 사람은 본래 태양의 빛을 받아 몸과 영혼이 태어납니다. 태양의 빛은 주야를 가리지 않고 우리 몸속에서 운동하며 순환합니다. 그 순환하는 것을 운運이라고 합니다. 순환하지 않으면 죽기 때문에 운은 바로 목숨命입니다. 그래서 운명運命이라고 하는 것입니다.

귀하거나 천한 것을 막론하고 인간은 하늘에서 운명을 받고 살다가 한 줌의 흙으로 돌아가는 존재입니다. 인간은 하늘로부터 받은 천운天運이 다하기 전에는 목숨도 끝나지 않습니다. 살아 있다는 것은 하늘의 빛이 그 사람에게 머물고 있는 것을 의미합니다. 죽는다는 것은 하늘의 빛이 그 사람으로부터 떠난다는 것을 의미합니다.

따라서 사람이 죽음으로 가고 있다 해도 아직 하늘의 빛이 그 사람으로부터 떠나지 않으면 죽지 않았다는 것을 뜻합니다. 그렇기 때문에 사람이 살아 있는 동안 운이 없다는 말은 있을 수가 없는 법입니다.

태양은 새벽에 동쪽에서 떠오르기 시작하여 잠시도 쉬지 않고 땅 위의 모든 만물에게 생명의 빛을 주면서 하늘을 돕니다. 태양이 떠오르는 시간에 일어나서 지극정성으로 일하고 태양이 지는 시간에 잠자리에 누워야 하는 것이 사람의 도리이고 하늘의 이치입니다. 자연의 이치에 따르면 그 사람의 운세는 차차 좋아지게 됩니다.

그러므로 그대는 운을 탓하지도 말고 관상을 논하지도 말기 바랍니다.

67 | 하루종일 허둥대는 사람은 늦잠자는 사람이다

문 問 스승님께서는

아침 일찍 일어나면 운명이 좋아져서

출세영달을 할 수 있다고 말씀하십니다.

그러나 운運은 하늘이 인간에게 주는 것이기에

아침 일찍 일어난다고 해서

운명이 좋아질 것이라고 생각되지 않습니다.

스승님께서는 이 점에 대해 어떻게 생각하십니까?

답 答 운運은 하늘이 인간에게 주는 것이라는 그대의 생각부터 잘 못되었습니다. 운이란 돌고 도는 것으로서 음덕을 쌓은 사람 에게 찾아오는 것이라고 나는 말합니다. 이와 같은 운의 원 리를 잘못 해석하는 사람에게는 절대 운이 찾아오지 않습 니다.

아침 햇빛에는 소양발달(小陽發達)의 기氣가 있습니다. 사람이
이 기를 받으면 심기心氣가 스스로 굳건해집니다. 심기가 굳
건해지면 운명은 스스로 살아나게 되는 법입니다. 운은 기氣
를 따라 움직입니다. 그래서 운기運氣라고 말을 하는 것입니
다. 이런 이유로 아침 늦게 일어나는 자는 소양발달의 기를
받을 수 없습니다. 아무리 관상이 좋다고 하여도 운이 좋을
수가 없습니다.

아침에 늦게 일어나는 자는 항상 건강하지 못하고 안색이
좋지 않은 법입니다. 아침에 늦게 일어나면 소양발달의 기가
적기 때문에 하늘에서 받는 햇빛의 힘을 유지할 수 없습니
다. 그래서 원기가 없어지는 것입니다.

늦잠 자는 버릇을 가진 사람은 시간의 7할을 잠으로 소비하
고 1할은 음식을 먹는 데 소비하며 1할은 유흥을 즐기는 데
소비합니다. 남아 있는 1할을 가지고 일하는 데 소비하는데
그래 가지고서야 어찌 입신출세할 수 있겠습니까? 늦잠을
자는 사람은 낮에 일을 미루어 쓸데없이 밤늦게까지 일하는
것이 보통입니다. 나는 이런 사람을 무수히 보아 왔습니다.
이것은 바로 음양陰陽의 순리를 무시한 것입니다. 태양이 중
천에 떠오르는 시간에 죽은 듯이 자고 있는 사람에게 어찌

운이 손을 잡겠습니까?

늦잠을 자는 사람은 하루 종일 몸을 허둥대는 법입니다. 늦게 일어났기 때문에 마음이 초조해서 생기는 현상입니다. 하루의 일과를 반나절에 해치우려고 하여 허둥대며 실수를 하기 때문에 일이 잘될 수가 없습니다. 나는 절제하여 소식하는 것을 가장 중히 여기지만, 새벽 일찍 일어나 소양발달의 기를 받으면서 하루를 시작하는 것이 두 번째로 중요하다고 말합니다.

68 | 근검절약과 인색함을 구별하라

문 問 스승님,

오래전부터 저는 근검절약을 실천하고 있습니다.

그런데 아내와 자식들이 저를 좋게 보지 않습니다.

밖에서 만나는 사람들도 제가 과하다고 생각합니다.

스승님의 가르침인 절제와 소식하는 생활에

무슨 문제가 있는 것인지 가르침을 주십시오.

답 答 그대는 근검절약하는 생활과 인색한 생활을 구별해야 합니다. 그대의 검약은 인색에서 출발한 것이므로 흉한 것입니다. 진정한 검약이란 사물의 시작과 끝을 소홀히 하지 않는 것을 말합니다. '꼭 필요할 때에는 과감히 써야 하고 꼭 필요하지 않을 때는 검약해야 한다'는 뜻입니다. 그러나 소인배들은 검약해야 한다고 말하면서 식솔들과 집에서 일하는 하인들이 먹는 음식에는 인색합니다. 이웃의 어려움을 보고도 외면하며 베풀어야 할 때 베풀지 않는 것을 어찌 검약이라 말할 수 있겠습니까?

스스로에게는 절제하여 인색하십시오. 그러나 본인의 절제함과 인색함을 남에게 강요하지 마십시오. 그리고 남에게는 베풀어야 합니다. 그러나 베푼다는 사실을 남에게 자랑하지도 마십시오. 자신의 선행을 누구에게도 보이려 하지 않을 때, 바로 이럴 때 음덕이 쌓이는 법입니다.

인색한 주인을 모시고 있는 하인은 주인 몰래 돈을 훔치게 됩니다. 밖에 나가서 훔친 돈으로 음식을 사 먹으면서도 남들에게 당신을 악담하게 됩니다. 그대가 모범적으로 검약하는 것을 하인들에게 강요하지 않아도, 검약하는 당신의 마음과 행동을 존중하면 그들은 저절로 따라 하게 됩니다.

그 집의 주인은 일부러 남에게 모범을 보일 필요가 없습니다. 그대가 진정성을 가지고 검약하면서도 남들에게 베풀면, 모두 당신의 고귀한 뜻을 따를 것입니다. 그렇게 하면 집안 사람들도 검약하게 되고 세상 사람들은 당신을 현자(賢者)라 칭송할 것입니다.

서두르지 말고 그렇게 천천히 음덕을 쌓아 가십시오. 그러면 말년에 부를 갖게 되고 무병장수하여 천수를 누리게 될 것입니다. 이것이 바로 하늘의 이치, 즉 천리天理입니다.

69 | 대식과 폭식은 자기 손으로 기둥을 뽑는 것과 같다

문 問 스승님께서는

단명短命의 상이라도 소식을 실천하면

장명長命의 상으로 변한다고 하십니다.

저는 젊었을 때 폭식했지만,

스승님의 뜻을 받들어 소식을 실천하고 있습니다.

관상의 대가이신 스승님께서는 제 관상이 과거와 비교해서

어떻게 변했는지 솔직하게 말씀해 주실 수 있습니까?

답 答 사람에게는 몸과 마음이 있고 집에는 그 집과 주인이 있는
법입니다. 몸은 그 집에 속하는 것이고, 마음은 그 집의 주인
에 속합니다. 마음이 상하면 아무리 건강한 사람도 몸이 상
하게 되고, 주인이 절제하지 않으면 집도 상하는 법입니다.
부모로부터 신체라는 집을 건강하게 물려받았다 하더라도

자기 마음이 천한 사람은 음식을 절제하지 않기 때문에 결국 병을 얻어 신체라는 집을 상하게 만듭니다. 주인의 절제하는 마음에 따라 선조 대대로 내려오는 집을 망하게도 하고 흥하게도 하는 법입니다.

병약하게 태어났거나 물려받은 집이 헌 집이라도, 그 집의 주인이 절제하는 마음이 있다면 건강체로 되살아나고, 물려받은 집도 수리하고 보수해서 새 집으로 태어날 수 있습니다. 집주인이 절제하지 못하면 그 집을 수리하고 보수하지 못해서 기둥이나 초석들이 허물어집니다. 결국 비가 새는 황폐한 집이 되고 맙니다. 더위와 추위와 비바람을 막지 못하면 그 집에 살 수 없어 집을 버리고 나갈 수밖에 도리가 없습니다.

집주인은 마음과 같고 집은 신체와 똑같습니다. 절제함이 없는 마음이 육체의 병을 만듭니다. 육체의 병이 생기면 마음은 그곳에 머물 수가 없어서 하늘나라로 돌아가지 않으면 안 되는 것이 자연의 이치입니다.

이와 같은 하늘의 이치를 알면서도 폭음하고 폭식하는 자가 세상에는 숱하게 많습니다. 그것은 마치 자기가 살고 있는 집을 원수처럼 생각해서 벽을 허물고 기둥을 무너뜨리며 주춧돌을 빼내는 것과 같습니다. 비바람을 막아 주는 고마운 집을 학대하면 어떻게 되겠습니까? 인간의 정신을 안정시켜 주는 우리의 몸을 폭식으로 학대하면 어떻게 되겠습니까?

폭식을 하면 몸이 상하게 된다는 사실은 누구나 알고 있습니다. 과음을 하면 몸이 망가진다는 사실 또한 누구나 알고 있습니다. 그 사실을 알면서도 자기도 모르게 무의식중에 폭식하고 폭음하는 것이 사실입니다. 이러한 무리는 세상에 아무런 도움도 되지 않고 곡식만 축낸다 하여 식충食蟲이라 불립니다. 매사에 신중하고 절제하여 식충이 되지 않도록 하십시오.

당신이 젊었을 때는 식충의 관상을 가지고 있었습니다. 그러나 음식을 절제하여 소식한 세월만큼 온화하고 빛나는 관상으로 변한 것을 나는 볼 수 있습니다. 당신의 얼굴에서 '관상은 끊임없이 변하고 운도 끊임없이 변한다'는 말을 확인할 수 있습니다. 관상은 하루아침에 변하지 않습니다. 운도 하늘에서 뚝 떨어지는 법이 없습니다. 뿌린 만큼 거두는 법입니다.

70 | 혈색을 보면 그 사람의 운이 보인다

문 問 스승님께서는

음식을 절제하여 소식을 실천하면

혈색도 좋아지고 운運도 열린다고 하십니다.

그런데 음식은 본래 신체를 양육하는 것 아닙니까?

소식으로 혈색이 좋아진다고 해서

운과 직접적인 관계가 없다고 생각되는데

스승님께서는 어떻게 생각하십니까?

답 答 음식이 분명 신체를 양육하는 근본인 것은 맞습니다. 그런
데 그대는 음식을 절제하여 소식하면 오장육부가 튼튼해진
다는 사실을 모르고 있습니다. 장이 좋아지면 신체가 건강해
져서 기氣가 스스로 열리는 법입니다. 기가 열릴 때에 운運도
스스로 열리는 법입니다. 기에 따라 운이 열리기 때문에 운

기運氣라고 하는 것입니다.

과식과 폭식을 하게 되면 장이 나빠지고 기가 무거워집니다. 배가 너무 부르면 육체와 정신이 혼미해지는 것을 그대는 느끼지 못했습니까? 나는 허황된 논리로 말하는 것이 아닙니다. 어린아이도 알 수 있는 말을 하는 것입니다.

기가 무거워지면 기색氣色이 침체되어 혈색이 어두워집니다. 혈색이 밝지 않으면 운이 열릴 수가 없는 법입니다. 그대는 혈색이 어둡고 관상이 험악한 사람을 도와주고 싶은 마음이 생깁니까? 직접 절제와 소식의 생활을 실천해 보시기 바랍니다. 아는 것은 깨닫는 것만 못하고, 깨닫는 것은 실천하는 것만 못한 법입니다.

중국 고대로부터 전해 내려오는 운명개선법인 개운법開運法이 있습니다. 운을 여는 법이라는 뜻입니다. 개운법에서는 항상 입을 굳게 다무는 것이 좋은데 종이 한 장 들어갈 정도로 입을 벌리는 것이 좋다고 했습니다. 입은 모든 재앙의 출입처이기 때문입니다. 개운법에서는 항상 족足하다는 마음을 갖고 인생을 비관하지 말고 노여움을 없애라고 합니다. 음식을 절제하여 조식粗食으로 절도를 지키라고 말합니다.

이것을 철저히 지키면 어떤 흉상恮相이나 빈상貧相이더라도 3년 내에 운이 열린다고 해서 개운법인 것입니다. 매일의 음식에 식탐을 부리지 말고 절제하여 소식하십시오. 또한 입을 굳게 다물고 노여움을 갖지 마십시오. 흉상이나 빈상은 세상 탓이 아니라 자기 탓이라 생각해야 합니다.

그렇게 해도 운이 열리지 않는다면 이 세상에는 진리도 없고 신神도 부처도 없는 셈입니다. 그러나 그런 일은 절대 일어나지 않습니다. 종을 치고 북을 치면 소리가 나는 것처럼 진리는 단순하고 정직한 법입니다. 만일 내가 하는 말이 틀렸다면 나 미즈노 남보쿠는 천하의 역적이자 사기꾼입니다.

71 | 배우지 않고 아는 사람이 있고 배우고도 모르는 사람이 있다

문 問 스승님께서는

몸을 먼저 닦고 나중에 집안을 다스리는

수신제가修身齊家를 관상법의 시작이라 말씀하십니다.

저와 같이 성인聖人의 도를 배우지 못한 소인배는

얼마나 많은 공부를 해서 지식을 얻어야

그 경지에 이를 수 있겠습니까?

답 答 나의 관상법은 무슨 특별하고 기묘한 것이 아닙니다. 세상의 진리는 하나이며 자연의 이치 또한 하나라는 지극히 평범한 논리에서 출발합니다. 그 자연의 이치 중에서 절제와 소식을 강조할 뿐입니다.

인간은 원래 선善한 존재이기 때문에 배우지 않더라도 무엇이 옳은가를 잘 알고 이 세상에 태어납니다. 그래서 경전을 배우지 않고 몸을 수행하는 것만으로 현자賢者의 경지에 오르는 사람이 나타나는 것입니다. 경전을 외우고 많이 배운 사람들 중에서도 수신修身함도 없고 제가齊家도 못 하는 사람들이 많습니다. 배운 자의 지식보다 못 배운 자의 지혜가 더 세상을 움직이는 힘이 됩니다.

〈주역周易〉에 '원시반종 고지생사지설原始反終 故知生死之說'이란 말이 있습니다. 좋은 결과는 좋은 원인에서 출발하고 처음과 마지막은 반드시 일치한다는 뜻입니다. 많이 배워 박식博識한 자라 하더라도, '좋은 결과는 좋은 원인에서 출발한다'는 〈주역〉의 이치를 깨닫지 못하고 절제하지 않는 사람에게, 경전과 지식은 쓰레기에 불과합니다.

평범한 서민은 거래할 때 필요한 간단한 장부 정도만 배우고 나머지 시간을 자기 가업에 힘쓰더라도, 인의예지신仁義禮智信으로 불리는 오상五常이 저절로 구비되기 마련입니다.

'지나친 것은 모자람만 못하다'는 말이 있습니다. 많이 배웠는데도 집안에 손해를 끼치는 소인배들이 있습니다. 경전을 아는 것을 뽐내지만 배우지 못한 사람보다 더 나쁜 오상을 가진 사람들이 있습니다. 학문을 아는 것이 중요한 것이 아닙니다. 실천하기 위해 배우는 것입니다. 실천할 수 없는 학문은 똥오줌과 같습니다. 냄새만 날 뿐입니다.

배우고도 모르는 사람이 있고 알고도 실천하지 못하는 사람도 있습니다. 그러나 배우지 않고도 깨닫고 이를 실천하는 사람이 진정한 성인이라 할 수 있습니다.

72 | 착하기만 하고 심기가 약하면 장수하지 못한다

문 問 스승님,

옛말에 선인단명善人短命

악인장명惡人長命이라는 말이 있습니다.

평소 자비심이 많고 착한 사람은 빨리 죽고

악한 사람이 장수한다는 말입니다.

악이 선을 없애기 때문입니까?

그 이유를 말씀해 주십시오.

답 答 착하기만 하고 심기心氣가 약한 사람을 운명학運命學에서는
기백氣魄이 없다고 합니다. 육체적으로 심장의 기능이 강한
사람을 '근기根氣가 좋다'고 말합니다. 정신적으로 강한 사람
은 '심기가 좋다'고 말합니다. 심기가 약한 사람은 단명하고
반대로 심기가 강한 사람은 장수하는 법입니다.

심기가 약한 사람은 근기가 약해서 사람들과 오래 다투지도 못합니다. 또 근기가 약한 사람은 나쁜 일을 꾸미지도 못합니다. 착한 사람들을 선善하다고 볼 수 있으나 모두 강强하다고 볼 수는 없습니다. 선한 마음과 두려워하는 마음을 구별해야 하고, 착한 것과 약한 것을 구별해야 합니다.

진정으로 선한 사람은 강한 법입니다. 진정으로 심기가 강한 사람은 근기도 강한 법입니다. 그런 사람은 온화한 인상과 함께 강한 인상도 풍깁니다. 세상은 어지럽기 때문에 다툴 때도 많은 법입니다. 다른 사람과 다툴 때도 심기가 튼튼하여 할 말을 충분히 하는 사람이 진정으로 선한 사람입니다. 그래서 착하기만 한 사람은 항상 세상을 두려워하여 단명하고, 심기와 근기가 튼튼하여 두려움 없이 선한 사람이 장수하게 됩니다.

진정으로 선한 사람은 두려움이 없습니다. 진정으로 선한 사람은 또한 기백이 있어 아랫사람에게도 따뜻하게 대합니다. 또한 자기에게 해로운 사람이라도 미워하지 않는 법입니다. 그러한 사람을 진정한 의미에서 선한 사람이라고 말할 수 있는데, 우리는 그를 군자君子라고 부릅니다.

73 │ 활력을 키우면 수명이 늘어난다

문 問 스승님께서는

하늘이 내려 준 수명인

천명天命을 늘리고 장수하기 위해서

무엇이 가장 필요하다고 생각하십니까?

답 答 〈해탈도론解脫道論〉에서는 죽음을 두 가지 종류로 나누고 있

습니다. 자살自殺이나 타살他殺이나 병사病死처럼 자기의 타

고난 수명과 관계없이 죽는 것을 불시절사不時節死라 하고,

자기의 타고난 수명을 다하고 죽는 것을 시절사時節死라고

말합니다. 우리는 모두 시절사를 원합니다.

수명이라는 말에서 수壽는 '영혼의 기쁨'으로 해석합니다. 이

말을 다시 해석하면 영혼의 기쁨이 다하면 명命도 다한다는

말이 됩니다. 나는 이 영혼의 기쁨을 활력活力이라는 말로 표현합니다.

인간의 생명은 하늘이 내린 것이라서 천명天命이라 부릅니다. 하늘이 내렸지만 내가 하기에 따라서 늘릴 수도 있고 줄일 수도 있습니다. 가장 좋은 방법은 영혼의 기쁨이 충만한 상태인 활력을 키우는 것입니다.

활력이라 하면 사람들은 강한 몸을 먼저 생각합니다. 그러나 흥분한 몸 상태와 진정한 활력은 다릅니다. 활력은 몸이 활달한 상태를 말합니다만 그런 상태는 마음이 안정된 상태라야 가능합니다. 음식을 절제하여 소식하면 몸과 마음가짐을 겸허한 상태로 유지할 수 있습니다. 그렇게 안정된 상태가 활력을 만들고 나아가 수명을 늘립니다. 모든 활력은 아래에서 위로 솟구치는 법입니다. 흥분한 상태로는 활력을 오래 유지할 수 없습니다.

74 | 물건을 함부로 대하면
세상도 당신을 버린다

문 問 스승님,

저는 나쁜 일을 하지 않고 살았습니다.

또한 남을 도우면서 살아왔다고 자부합니다.

그런데도 남들은 나를 높이 평가하지 않습니다.

또한 저를 써 주는 사람도 없습니다.

그 이유는 무엇입니까?

답 答 나쁜 일도 하지 않고 남을 도우면서 살아왔다고 자부하는 바로 그 마음이 모든 잘못의 시작입니다. 그 마음을 내게 자랑하며 말하는 것도 잘못되었습니다. 노자老子께서 지으신 〈도덕경道德經〉에 의하면 '지자불언知者不言 언자부지言者不知'라 했습니다. '진정으로 아는 사람은 남에게 말하지 않고, 남에게 말하는 사람은 진정으로 아는 사람이 아니다'라는 말입니다.

내가 보기에 당신은 절제함이 부족합니다. 내가 보기에 당신은 평소 욕심이 많습니다. 물건을 함부로 쓰고 버리는 습관이 있습니다. 그 습관이 돌고 돌아 당신에게 과보로 돌아온 것입니다. 그래서 사람들이 당신을 버리는 것입니다. 우리 인간은 사람들에게 버림을 받을 뿐만 아니라 물건들에게 버림을 받을 수도 있습니다. 결국 세상에게서 버림받게 됩니다.

물건 하나라도 소중한 사람처럼 대하십시오. 사람과 만물은 동일합니다. 그리고 물건을 소중히 하고 남을 도왔다는 그 마음도 버리십시오. 그러면 물건도 당신 앞에 쌓이고 사람들도 당신 앞에 군중처럼 모여들 것입니다.

75 | 정신을 단전에 모아 두면 천수를 누릴 수 있다

문 問 스승님께서는

단명短命의 관상을 가지고 있는 자라도

장수長壽할 수 있다고 하십니다.

수명이란 하늘이 내리는 것으로 알고 있는데

제가 잘못 생각하는 것입니까?

답 答 인간의 수명은 불생불멸不生不滅입니다. 시작도 없고 끝도 없다는 뜻입니다. 인간의 수명은 하늘이 내려 준 태양의 기운, 즉 양화陽火를 받아 어떻게 사용하느냐에 따라 길기도 하고 짧기도 합니다. 인간이 사용하는 양화의 기운을 심화心火라고 합니다. 이 심화가 하늘로 돌아가지 않으면 죽는 법이 없습니다. 매사에 신중을 기하고 절제하는 사람의 단전丹田에는 이 심화가 항상 머물러 있기 마련입니다. 이 심화가 오래 머물러 있으면 장수할 수 있습니다.

단전이란 배꼽 아래에 있는 경락을 말하는 것으로 사람의 정신이 집중되는 곳입니다. 이 단전이 모든 질병을 치료하는 시작점입니다. 그래서 정신이 육체를 만든다고 하는 것입니다.

신중함과 절제함이 없는 자는 작은 일에도 흥분하기 때문에 심화가 단전에 오래 머물 수 없습니다. 심화가 신체를 떠나 하늘로 되돌아가지 않는 방법을 스스로 터득해야 합니다. 이것을 터득하여 실천하는 사람은 단명短命의 관상을 가졌다 하더라도 결코 일찍 죽는 법이 없습니다.

불로불사不老不死의 선인仙人들은 하늘이 준 수명을 다하고 하늘로 돌아갑니다. 옛말에 '선인은 호흡을 발뒤꿈치로 한다'고 했습니다. 발등은 삼갑三甲에 해당하고 발뒤꿈치는 배의 삼임三壬으로 단전에 해당됩니다. 입으로 호흡하지 않고 단전으로 호흡하면 심화가 단전에 잘 머물고 고요하기 때문에 장수하게 되는 법입니다. 이와 같이 항상 심기가 단전에 머물러 있으면 비록 놀랄 만한 일이 생겨도 정신을 잃는 법이 없습니다. 정신이 육체를 만들기 때문에 장수하게 됩니다.

또 심기가 단전에 없는 자는 매사에 신중함이 없어 잘 흥분하게 됩니다. 뜻밖의 일이 생기거나 높은 곳에서 떨어지면 놀라서 '아앗' 하고 비명을 지릅니다. 이렇게 비명을 지르면 소리와 함께 심화가 하늘로 돌아갑니다. 평소 절제함과 신중함이 없으면 심기가 단전에 없기 때문에 뜻밖에 죽는 경우가 생깁니다. 이것을 비명횡사非命橫死라고 합니다.

그러나 평소에 절제하는 사람은 뜻밖의 경우가 생기거나 높은 곳에서 떨어진다고 해도 '우웅' 하고 숨을 죽입니다. 심화가 단전에 머무르기 때문입니다. 힘든 일을 겪어도 '우웅' 하고 숨을 죽이면 단전이 반석같이 굳어집니다. 이때 심기心氣가 온몸에 차고 넘칩니다. '고통으로 단련된다'라는 말은 그래서 생긴 말입니다. 이런 사람은 심화가 하늘로 돌아가지 않기 때문에 장수하게 됩니다.

심기가 단전에 머물면 신선들의 수명, 즉 선수仙壽를 누리게 됩니다. 하늘이 준 수명을 다한다는 말입니다. 부와 명예와 장수를 유지할 수 있는 비법은 단전에 심화를 모아 두는 것입니다. 음식을 절제하여 소식하면 심화를 단전에 모을 수 있어 아무런 질병도 없이 하늘이 내려 준 수명을 다하고 평안히 하늘로 돌아갈 수 있습니다.

76 | 소금을 함부로 대하면 일찍 죽는다

문 問 스승님께서는 오곡五穀을 먹더라도

절제하여 소식하라고 말씀하십니다.

그렇다면 오곡 외에 절제할 음식은

또 무엇이 있겠습니까?

답 畓 모든 음식에는 생명이 깃들어 있습니다. 따라서 우리가 어떤 음식을 먹는 것은 생명을 먹는 것입니다. 그래서 내가 고기를 삼가고 소식하라고 주장하는 것입니다. 어떤 음식이든 사람에게 중요하지 않은 것이 없지만, 오곡 이외의 것으로서는 소금이라고 말할 수 있습니다.

소금은 세상의 사기氣로서 바다뿐만 아니라 대지에도 충만합니다. 소금을 품지 않은 토양은 없습니다. 소금을 먹지 않으면 사기가 떨어집니다. 사기란 의욕이나 자신감이 충만하여 굽힐 줄 모르는 기세를 말합니다. 그래서 하늘을 찌를 듯한 기세를 사기충천士氣衝天이라 말합니다.

우리의 신체를 튼튼하게 하고 사기를 키워 주는 것은 소금의 덕입니다. 이렇게 좋은 것이라 해도 소금을 절제하지 않고 함부로 소비하는 사람은 좋은 관상을 갖고 있어도 결국 빈곤하고 다병단명多病短命하게 됩니다.

이것은 자신의 정신과 육체를 튼튼히 해 주는 신神을 함부로 대했기 때문에 생기는 일입니다. 세상 만물에는 제각기 신이 존재합니다. 그중에서도 곡식과 소금에 머무는 신처럼 존귀한 신은 없습니다.

오주娛州라는 곳에는 염부명신鹽釜明神이라는 곡식과 소금을 관장하는 신이 있습니다. 이 신은 영험하기로 소문이 자자합니다. 소금을 함부로 먹으면 염부명신을 더럽히는 일이어서 신벌神罰을 받는 것으로 알려져 있습니다. 신을 대하듯 소금을 대하십시오.

4부

성공하는 사람은
남의 덕을 말하고
실패하는 사람은
남의 탓을 말한다

○ ○ ○

세상을 향해 불평을 늘어놓는 사람은
결코 성공할 수 없습니다.
성공하는 사람들은 자기가 잘된 것을
'운이 좋았다'며 세상의 덕으로 돌립니다.
이것이 성공하는 사람들의 특징입니다.
그러나 실패하는 사람들은 자기가 잘못된 것을
'운이 나빴다'며 세상의 잘못으로 돌립니다.
이것이 실패하는 사람들의 특징입니다.

77 | 크게 깨달은 사람은
문자를 논하는 법이 없다

문 問 스승님,

저는 유학儒學의 대가인

오규소라이荻生狙徠나 다자이슌다이太宰春台를

큰 인물로 생각하고 있습니다.

저는 이들이 덕德이 있는 큰 인물이라고 생각하는데

그렇게 생각하지 않는 사람들도 있습니다.

많이 배운 대유학자를 현자賢者라고 부를 수 없습니까?

답 答 오규소라이나 다자이슌다이는 현자賢者라고 볼 수 없습니다. 그들은 도道에 대해 많이 공부해서 경전을 외우고 남을 가르치는 일이 남보다 우수했던 것은 사실입니다. 이런 인물은 차라리 지자知者라 부르는 것이 타당합니다.

노자老子는 그의 저서 〈도덕경道德經〉에서 '지자불언知者不言 언자부지言者不知'라 했습니다. '진정으로 아는 사람은 남에 게 말하지 않고, 남에게 말하는 사람은 진정으로 아는 사람 이 아니다'라는 말입니다.

진정으로 크게 깨달은 사람은 문자를 논하는 법이 없습니다. 걷거나 앉거나 서거나 자기 자신이 도가 되어야 합니다. 경 전이 아니라 자연의 이치를 책으로 삼고, 오로지 그 이치理 致만을 밝히고자 하는 사람을 진정한 의미의 현자라고 부를 수 있습니다.

〈채근담菜根譚〉에 이런 말이 있습니다. 담산림지락자 미필진 득산림지취談山林之樂者 未必眞得山林之趣요, 염명리지담자 미필 진망명리지정厭名利之談者 未必盡忘名利之情이다. '진정으로 산 을 좋아하는 사람은 산이 좋다고 말하지 않고, 진정으로 명 예와 권력을 싫어하는 사람은 명예와 권력이 싫다고 말하지 않는다'라는 말입니다.

좋아하는 것을 주장하거나 지식을 자랑하는 사람은 진정한 현자가 될 수 없습니다. 지식이란 자연의 큰 원리에서 아주 작은 점이라 생각해야 합니다. 따라서 진정한 현자란 겸허한 마음으로 사람과 사물을 대하고 절제와 검약을 실천하는 사람입니다. 이와 같은 사람은 비록 지금 가난하다 하더라도 후일에 하늘로부터 재물과 장수를 선물로 받는 법입니다.

이와 같은 인물 주위에는 세상 사람들이 저절로 모여들게 됩니다. 그 덕을 흠모하여 사방천지에서 사람들이 모여들기 때문에 '천하의 현자'라고 부르는 것입니다. 비록 배운 것이 없는 사람이라 하더라도 천지의 덕을 쌓아서 현자가 되는 경우를 나는 많이 보았습니다.

그러나 이때에도 현자는 자신에게 쏟아지는 칭송이 자만심으로 변할까 두려워 산으로 숨기도 합니다. 그래서 진정한 고수高手는 초야草野에 숨는 법입니다. 그래서 지식을 쌓은 사람은 저잣거리에 많아도, 현자라 칭송받는 사람은 눈에 잘 띄지 않는 것입니다.

모름지기 도를 깨우치고자 하는 사람은 경전을 배워 지식을 쌓기보다는 자연의 이치를 깨달아 현자가 되기 위해 힘써야 할 것입니다. 세상에 존재하는 만물은 천지의 덕이 주신 것이라는 사실을 깨달아야 합니다. 사람들은 돈으로 만물을 얻을 수 있다고 생각합니다. 이런 생각을 가진 미천한 사람은,

사람을 함부로 대하고 만물을 소홀히 합니다.

그런 사람일수록 술과 고기와 음욕淫慾에 탐닉하게 됩니다. 그런 것에 탐닉하면 쉽게 흥분하는 헛된 기氣가 강해집니다. 따라서 남을 헐뜯고 비평하는 일에 집중하게 됩니다. 자신의 지식과 말솜씨에 자만하여 사람을 놀라게 하거나 칭송받는 일을 좋아하게 됩니다. 이는 결국 자기 스스로의 무덤을 파는 꼴이 되고 말기 때문에, 현자는 이를 미리 알고 항상 절제하는 마음으로 타인의 칭송을 두려워하는 법입니다.

78 | 모든 만물과 사람들에는 신이 깃들어 있다

문 問 스승님,

하늘과 땅이 열리는 천지개벽의 시기에

이 세상에 생겨난 것이 신神이라고 들었습니다.

그런데 신이 먼저 나온 것인지

만물이 먼저 생긴 것인지 궁금합니다.

스승님께서는 어떻게 생각하십니까?

답 答 천지개벽할 때 신神도 함께 생겨났다고 합니다. 그러나 이 세상에 만물이 존재하지 않으면 신인들 무슨 소용이 있겠습니까. 따라서 신이 바로 만물이고 만물이 바로 신인 법입니다. 신에게는 만물이 깃들어 있고 세상의 모든 사람과 물건에는 신이 깃들어 있습니다.

따라서 만물의 이치를 깨우치려는 자만이 신을 가까이할 수 있습니다. 나무와 돌과 강물에도 신이 깃들어 있음을 깨달아야 합니다. 귀한 사람과 천한 사람 모두에게 신이 깃들어 있음을 깨달아야 합니다. 사람과 만물에 신이 깃들어 있으므로, 어느 하나도 소홀함이 없어야 합니다. 사람을 대하는 일이나 물건을 대하는 일을 소중히 여기는 사람은 항상 절제하는 사람입니다. 먼저 음식 먹는 일을 절제하여 소식을 실천하십시오. 우주만물의 진리와 신의 존재를 깨닫게 될 것입니다.

또한 운명학자나 관상가는 자기 자신부터 이 같은 이치를 깨달아야 합니다. 남의 관상만을 보고 미래를 점치는 것만을 목적으로 하는 사람은 참된 관상가나 운명학자가 될 수 없습니다. 만물이 날로 새로워지듯이 관상도 새로워진다는 생각을 하지 못하는 사람은, 사람을 헛된 말로 흥분시켜 害를 끼치게 하는 사람이므로 관상을 미끼로 도적질을 하는 사람일 뿐입니다.

따라서 관상가는 이 세상에 존재하는 우주만물과 신의 원리를 터득한 다음에 남의 관상을 봐야 합니다. 그렇게 하기 위해서는 자신의 관상을 먼저 보십시오. 본인도 과거와 현재의 관상이 변했다는 사실을 깨달으십시오. 그러면 만물이 변한다는 진리를 깨닫고 남의 관상도 자연과 신의 관점에서 볼 수 있게 될 것입니다.

79 | 절제하는 사람은
술을 마셔도 흐트러지지 않는다

문 間 스승님께서는

음식을 함부로 대하는 사람은

부와 명예를 얻을 수 없다고 하십니다.

그렇다면 중국 당나라의 유명한 대주가大酒家이자

대시인大詩人인 이태백李太白은 어떻습니까?

그는 술을 그렇게 마시고도

후세에 현자賢者라는 평가를 받고 있습니다.

술도 음식인지라 큰 인물이 되려면

술도 절제해야 하는 것 아닙니까?

답 畣 보통 술을 많이 마시면 몸과 마음이 흐트러지기 마련입니다.
그러나 이백李白이라고도 부르는 이태백은 술을 많이 마시
면서도 몸과 마음이 흐트러지지 않았다고 알려졌습니다. 흐

트러진 몸과 마음으로 어찌 그리 아름다운 시를 쓸 수 있겠습니까?

음식을 절제하라는 말은 곧 정신을 곧게 세우라는 말과 같습니다. 그러나 소인배들이 술을 많이 마시면, 몸과 마음이 흐트러지고 쉽게 흥분하여 사람들에게 상처를 주고 본인 또한 고통받게 됩니다. 그런 사람을 개돼지에 비유하는데, 흔히 금수禽獸보다 못하다고 손가락질을 받습니다.

이태백이 술을 많이 마신 것만을 기억하고 훌륭한 시를 많이 쓴 것은 기억하지 못하는 소인배가 많습니다. 이태백은 술 한 잔을 마실 때마다 시 한 수씩 쓰곤 했는데, 이를 '이백 백배 시백편李白百杯詩百篇'이라 부릅니다. 백 잔을 마시면 시백 편을 썼다는 말인데, 이로써 이태백이 얼마나 절제하는 사람이었는지 증명이 됩니다.

옛말에 '도道를 깨우치려면 시와 음악을 멀리하라'는 말이 있습니다. 시와 음악이 인간의 삶을 풍요롭게 하는 것은 사실입니다. 그러나 인생을 아우르는 커다란 도의 경지에 오르려면 시와 음악조차 장애물이 될 수도 있다는 경계의 말로 여겨집니다. 이태백이 아무리 유명한 시인이라고 칭송받아도, 현자賢者라고 말하기는 어렵습니다. 술의 힘을 빌려 훌륭한 시를 썼다고 해서 그것으로 어찌 도를 깨우친 현자라 말할 수 있겠습니까?

이태백과 같은 사람으로 일본에도 고도後藤라는 장군이 유명합니다. 고도 장군도 평소 술을 많이 마셨지만 몸과 마음이 흐트러지는 일이 없이 항상 위엄을 지켜서 많은 사람들의 칭송을 받았습니다. 그 위엄과 용맹함으로 부하들에게는 모범이 되었고 심지어 적의 장수마저 존경심을 표했다고 전해집니다. 그러나 고도 장군이 훌륭한 장군이라고 말할 수는 있어도 현자라 칭송받기는 어렵습니다.

80 | 죽 한 사발로 죽을 병도 고칠 수 있다

문 問 스승님,

저는 요즘 배탈이 나서 큰 고생을 하고 있습니다.

그러나 건강을 생각해서 밥은

하루 세 끼나 네 끼를 꼭 챙겨 먹고 있습니다.

또한 여러 가지 약을 먹고 있으며

신께 기도드리는 일도 게을리하지 않고 있습니다.

그런데도 배탈이 잘 낫지 않습니다.

스승님께서는 어떤 이유라고 생각하십니까?

답 答 배탈이 나서 고통을 받으면서도 하루에 세 끼나 네 끼를 먹어야 한다는 그 생각부터 잘못되었습니다. 그대의 병은 음식 때문에 생긴 병입니다. 식사가 원인이 되었다 해서 식원병食原病이라 부릅니다. 배탈이라는 것은 모두 많이 먹기 때문에 생기는 것이지 적게 먹거나 굶주릴 때는 절대로 생기지 않는 법입니다. 음식을 불규칙적으로 먹거나, 그 먹는 양이 들쭉날쭉 일정하지 않은 사람은 무병의 관상을 가지고 있어도 반드시 병으로 고생하기 마련입니다.

그런 사람은 병을 치료하는 일 또한 어렵습니다. 식탐을 부려 음식을 절제하지 않으며 다식하고 포식하는 사람은 어떤 신에게 기도해도 대답이 없는 법입니다. 신의 치료를 받기 원하면 자기의 음식 중에 일부분을 뚝 떼어 내어 신에게 바친 후 기도해야 합니다. 그리고 신에게 바친 음식을 배고프고 가난한 사람에게 나누어 주어야 합니다.

하루 식사를 죽 두 그릇으로 절제하고 100일 동안 기도하면 완전히 치유할 수 있습니다. 나는 이렇게 실천해서 병이 낫는 사람들을 수도 없이 보았습니다. 이것은 손바닥 보듯 틀림이 없습니다. 의심이 많은 사람은 이것을 실천하지 못합니다만, 나는 평생 한 사람의 예외도 보지 못했습니다.

모든 병은 음식의 무절제에서 온다는 사실을 명심하십시오. 따라서 자기 밥그릇에서 일부를 떼어 내어 신에게 바치고, 그 음식을 가난한 사람들이 먹도록 하면 무병장수의 관상으

로 변합니다. 제가 운명학과 관상법을 평생의 업으로 하면서
여기에서 예외가 되는 사람을 본 적이 없습니다.

병을 치료한 후에는 항상 음식을 먹을 때 절제하여 소식을
실천하기 바랍니다. 천한 사람들은 병이 낫자마자 또다시 옛
날처럼 식탐을 부려 폭식으로 돌아가기 일쑤입니다. 그들을
개돼지, 즉 금수禽獸라 부르는 이유입니다.

81 | 음식 맛이 없는 것은 기름진 음식과 폭식 때문이다

문 問 스승님,

저는 태어날 때부터 병이 많은 체질입니다.

다른 사람들이 맛좋은 음식이라고 해도 저는 맛을 모릅니다.

제가 어떻게 하면 음식의 맛을 느낄 수 있겠습니까?

답 答 세상에 병이 많은 체질이란 없습니다. 그것은 그런 체질로 태어났기 때문이 아니라 폭식과 숙식宿食이 반복되어 나타나는 증상일 뿐입니다. 숙식이란 먹은 후 오랜 시간이 지나도 소화가 되지 않는 현상을 말합니다. 여러 가지 음식을 마구 섞어 먹는 진수성찬은 소화를 느리게 합니다. 고기와 같이 기름진 음식은 소화가 잘되지 않습니다. 음식 맛이 없는 것은 기름진 음식과 폭식 때문에 생기는 증상일 뿐입니다.

세 끼를 두 끼로 줄이십시오. 두 끼의 경우 한 끼로 줄이십시오. 밥그릇에 담는 음식의 양도 한 그릇에서 반 그릇으로 줄이십시오. 이것을 감식減食이라 부릅니다. 배고플 때 맛없는 음식은 있을 수 없습니다. 힘든 노동 후에 맛없는 식사는 없습니다. 시장한 것이 바로 반찬이 됩니다. 노동을 반찬으로 삼으십시오. 배고픈 후의 죽 한 그릇도 진수성찬이 됩니다. 이와 같이 항상 절제하는 마음으로 소식을 실천하면 완전히 소화되는 법이어서 질병이 생길 수가 없습니다.

82 | 성공하는 자는 남의 덕을 말하고
실패하는 자는 남의 탓을 말한다

문 問 스승님,

저는 여러 가지 직업을 전전했습니다.

저는 남보다 재주가 많다고 생각합니다.

그런데 하나도 성공한 사업이 없습니다.

스승님께서 제게 맞는 사업을

한 가지라도 가르쳐 주셨으면 합니다.

답 答 나는 지금 그대의 관상을 보고 있습니다. 관상은 항상 변하
는 것입니다만 지금의 관상으로 볼 때 그대는 참고 견디는
힘이 없습니다. 어떤 직업이든 어떤 사업이든 처음부터 성공
하는 일은 드문 법입니다. 최소 몇 년 동안 그 사업에 집중한
결과 그 부분에 정통하게 될 때 사업이 번성하게 되는 법입
니다.

당신처럼 직업을 자주 바꾸는 사람을 '상자 속의 두꺼비와 같다'고 말합니다. 두꺼비를 잡아 좁은 상자 속에 넣어 두면 두꺼비는 사방에 출구가 있는 것으로 착각하게 됩니다. 도망가기 위해 우왕좌왕하며 상자에 수없이 머리를 부딪치다가 마침내 탈출하지 못하고 머리가 부서진 채 죽고 맙니다.

지금의 관상으로는 당신도 이 두꺼비와 같이 평생 고생하다가 죽게 될 것입니다. 상자에는 여러 가지 구멍이 있습니다. 여기저기 눈을 돌리지 말고 한 구멍에 집중하십시오. 비록 그것이 작은 구멍이라도 출구는 그것밖에 없다고 마음을 다 잡으십시오. 한 구멍에 집중하면 그 구멍을 넓히려는 궁리를 하게 되고 얼마의 시간을 바친 후에 결국 그 상자를 빠져나올 수 있습니다.

두꺼비의 지혜도 이러할진대 두꺼비보다 현명한 인간인들 어찌 다르겠습니까? 정신을 집중하고 지혜를 동원한다면 태산이라도 관통할 수 있는 동물이 인간입니다. 직업을 자주 바꾸는 사람은 보통 불평이 많은 사람입니다. 자기 탓을 하지 않고 남 탓만 하는 사람입니다.

명심하십시오. 세상을 향해 불평을 늘어놓는 사람은 결코 성공할 수 없습니다. 성공하는 사람들은 자기가 잘된 것을 '운이 좋았다'며 세상의 덕으로 돌립니다. 이것이 성공하는 사람들의 특징입니다. 그러나 실패하는 사람들은 자기가 잘못된 것을 세상의 잘못으로 돌립니다. 이것이 실패하는 사람들의 특징입니다.

자기를 탓하느냐 남을 탓하느냐에 따라 부와 명예가 달라집니다. 나는 평생 살면서 세상을 탓하면서 성공한 사람을 한 번도 보지 못했습니다. 자기가 성공한 원인을 세상의 덕으로 돌리는 사람은 많지 않습니다. 그래서 부자는 적고 가난한 사람이 많은 것입니다. 세상을 탓하며 사는 사람의 관상은 보나 마나입니다. 그들의 관상은 똑같습니다. 마음을 바꾸고 절제를 실천하면 관상이 바뀌는 법입니다. 관상이 바뀌면 부와 명예가 저절로 들어옵니다.

하나의 직업도 관철하지 못하는 사람이 어찌 큰일을 이룰 수 있겠습니까? 그런 사람은 이 세상에서 아무 데도 쓸모없는 존재로서 관상을 볼 필요도 없습니다. 그런 사람은 죽더라도 알아주는 사람도 없고 울어 줄 사람도 없기 때문에 개죽음이라 부릅니다. 당신도 개죽음과 같은 대접을 받고 싶지 않다면 지금 하고 있는 한 가지 일을 관철하십시오.

사방에 10만 명의 적이 둘러싸고 있다고 합시다. 적은 숫자의 군사로 싸우기에는 불가능합니다. 그러나 죽음을 각오하고 가장 약하다고 생각되는 한쪽만을 향해 기습적으로 뚫고 나간다면 적진을 탈출할 수 있는 길이 열리는 법입니다. 적은 군사로 대군을 격파하거나 탈출한 명장들은 모두 그 일에 집중한 사람입니다. 세상의 모든 일은 전쟁과 같습니다. 실패한 원인을 밖에서 찾지 말고 안에서 찾기 바랍니다.

83 | 절에서 고기를 먹지 않는 것은 몸과 마음이 탁해지기 때문이다

문 問 스승님께서는,

육식肉食을 많이 하면 몸과 마음이 탁해진다고 하십니다.

저는 육식을 많이 하는 편입니다.

그러나 한 번도 마음이 탁해졌다고 생각해 본 적이 없습니다.

스승님께서는 어떻게 생각하시는지요?

답 좁 육식肉食은 몸과 마음을 탁하게 합니다. 육식을 하고 난 후에는 기분이 찌뿌둥합니다. 그러나 채식菜食을 하고 난 후에는 정신이 맑고 기분이 상쾌합니다. 사람은 귀천을 막론하고 마음이 탁해지면 도道를 얻기 힘든 법입니다. 마음이 탁해진 사람은 자기 몸을 다스리기 힘들고, 몸이 힘든 사람은 마음도 탁해지기 마련입니다.

그래서 불법(佛法)을 수행하는 자는 불도(佛道)에 전념할 수 있도록 출가한 사람에게 육식을 금합니다. 또한 일반 대중의 경우 육식을 하지 않는 날을 정해 놓고 실천하기를 권유합니다. 마음이 좋으면 몸이 좋고 몸이 좋으면 마음이 좋은 법입니다. 절에서 고기를 먹지 않는 것은 고기가 몸과 마음을 탁하게 해서 수행에 방해가 되기 때문입니다.

그러나 나는 육식을 엄격하게 금하지 않습니다. 육식하지 않는 것보다 많이 먹지 않는 것이 더 중요합니다. 세상 사람들은 모두 각양각색의 일에 종사합니다. 따라서 육식을 금하는 것이 일반 대중에게는 대단히 어려운 일입니다. 출가한 스님처럼 자신의 몸을 내던진다는 각오로 음식을 대하며 육식을 삼가고 절제하기 힘듭니다.

육식은 바로 그 '절제하기 힘듦' 때문에 문제가 발생합니다. 거의 모든 육식은 뜻하지 않게 입맛을 돋우어 과식과 폭식으로 이어진다는 뜻입니다. 자기 신분에 맞게 적절히 먹으면 큰 문제가 없습니다. 고기를 먹더라도 항상 절제하여 소식하는 사람은, 성인과 군자가 아니더라도 이미 세상의 덕을 이룬 사람입니다.

84 | 자식에게 재산을 많이 물려주면 그 집안은 무너진다

문 問 스승님,

저는 자손들을 위해

재산과 보물을 물려주고 싶습니다.

재산을 물려주는 일이

자손들에게 해가 될 수 있습니까?

답 答 그것은 큰 잘못입니다. 자손에게 물려준 재산은 자비慈悲
가 될 수 없습니다. 그것은 평생 동안의 멍에로 작용하여
자식들에게 원수가 되는 법입니다. 부모로부터 물려받은
재산이 있다는 그 사실을 항상 생각하며 살아가기 때문입
니다.

1년 내내 산과 들에 과일과 채소가 지천으로 널려 있다면 누

가 일을 하려 하겠습니까? 일을 하지 않으면 땀 흘리는 기쁨을 어찌 알 것이며, 만물의 소중함을 어찌 알겠습니까? 만물의 소중함을 알지 못하면 어찌 음식을 절제하여 소식을 실천하겠습니까? 소식을 실천하지 않으면 어찌 도道의 경지에 이르겠습니까? 물려받은 재산을 생각하면서 헛되이 세월을 허송하는 사람들을 나는 너무도 많이 봤습니다. 일에 힘쓰지 않고 세월을 허송하다가 무너지는 집안도 나는 너무나 많이 봤습니다.

자식을 번영시키고자 하는 사람은 절제를 실천하는 본本을 부모가 자식들에게 보여 주어야 합니다. 절제함의 근본인 소식을 실천하는 본을 보여주어야 합니다. 보이지 않는 곳에서 선을 행하는 음덕陰德을 보여 주어야 합니다. 그러한 가풍家風을 물려주는 것이 더욱 중요합니다. 그러한 가풍을 물려준다면 재산을 물려주지 않아도 자식들이 번성하게 됩니다. 그러한 가풍을 물려준다면 재산을 물려주어도 해가 되지 않습니다. 재산을 물려주는 일에 앞서 절제의 가풍을 물려주기를 힘쓰십시오.

절제의 가풍이 확고하지 않으면 물려받은 재산을 헛되이 탕진하는 것이 세상의 이치입니다. 이 점을 깊이 새겨 두지 않으면 재산은 자식들을 파멸로 빠지게 하는 독이 되는 법입니다. 물려받는 재산으로 가문의 영광을 끝내는 사람들을 나는 너무도 많이 봤으니 명심하기 바랍니다.

85 │ 남은인생을 절제하면
수명을 10년 더 연장시킬 수 있다

문 問 스승님,

저는 천천히 늙고 있다는 생각이 듭니다.

내 몸을 절제하여 잘 다스리지 못하고 있습니다.

지금부터라도 먹는 일에 절제하여 정신을 엄중히 하면

하늘이 내려 준 수명인 천수天壽를 누릴 수 있겠습니까?

답 荅 사람의 수명은 아무도 모르는 것입니다. 사람의 수명은 사람이 스스로 만들어 나가는 것입니다. 그대에게 1년 정도의 여명餘命이 남아 있다고 하면, 그대는 1년 정도 절제하여 수명을 1년 더 늘릴 수 있습니다. 그렇게 수명을 매년 늘려 10년을 하면 또 다른 10년을 더 살 수 있게 되는 법입니다. 하늘은 그대의 절제함에 따라 수명을 늘려 줍니다. 하늘은 그대의 절제함에 따라 재산과 명예를 늘려 줍니다. 이것이 만물의 원리입니다.

이 세상에 태어난 사람 중에 복록수福祿壽가 없는 사람은 없습니다. 복록수란 재산과 지위와 수명을 말합니다. 세상에 태어날 때부터 복록수는 누구나 가지고 태어납니다. 또한 이 세상에 태어난 사람 중에 식록食祿이 없는 사람은 없습니다. 식록이란 하늘이 내려 준 음식의 양을 말합니다.

위로는 임금으로부터 아래로는 낮은 백성에 이르기까지 그 신분에 알맞은 식록이 있습니다. 대략 하루에 3~5홉으로 정해져 있습니다. 이처럼 정해진 음식을 얼마 동안 나누어 먹느냐에 따라 수명이 정해집니다. 적게 먹을수록 건강하고 장수하는 것이 바로 그 이치입니다. 이 식록의 정해진 양에 욕심을 내면 복록수가 상하게 됩니다. 그렇기 때문에 음식에 탐욕을 부려 대식하는 자는 입신출세도 하지 못하고 목숨도 짧은 법입니다.

결국 복록을 유지하고 수명을 연장시키는 일, 그러니까 부와 명예를 유지하고 장수하는 일은 먹는 음식을 절제하여 소식하는 것이 유일한 방책입니다. 실행해 보지 않은 사람은 이 원리를 결코 깨달을 수 없습니다. 이 원리를 깨달은 자라도 실행에 옮기는 자는 흔치 않습니다.

86 | 죽은 부자보다
살아 있는 거지가 행복하다

문 問　스승님,

저는 평소 돈이 있으면

무엇이든 가능하다고 생각했습니다.

그런데 스승님께서 음식의 절제를 강조하셔서

큰 깨달음을 얻고 있습니다.

그런데 아직까지 돈과 재산을 음식보다 중하게 여겨

세속적인 생활에 얽매이고 있습니다.

어떻게 하면 이 생각을 바꾸어

실천할 수 있겠습니까?

답 答　천하에 귀중한 것이 있으니 생명입니다. 그대에게 생명이 없
　　　으면 돈은 아무런 의미가 없습니다. 죽은 부자보다 살아 있
　　　는 거지가 행복한 법입니다. 그런데 생명을 지속시키는 것은

돈이 아니라 음식입니다. 왜냐하면 우리들은 하루도 먹지 않고 살아갈 수가 없기 때문입니다.

사람은 어머니 배 속에 있을 때부터 이미 어머니의 음식을 즐기고 있습니다. 입덧이라고 부르는 것이 있습니다. 배 속의 생명체부터 어머니의 모체母體를 통제하며 먹기 시작합니다. 어머니에게 입덧을 시켜 배 속의 생명체가 원하지 않는 음식을 밀어냅니다. 배 속에서 돈과 재산을 원하는 생명체는 없습니다. 죽기 전에 폭식하는 사람도 없습니다. 죽기 전에는 모든 음식을 끊기 마련입니다. 죽기 전에 돈과 재산을 갈망하는 사람 또한 없습니다.

인간은 어머니 배 속에서부터 죽기 직전까지 먹습니다. 그런데 하늘이 내려 준 양, 즉 식록食祿만큼만 먹습니다. 부와 명예는 무한하지만 식록은 유한하다는 것을 명심하십시오. 너무 많이 먹어 이른 나이에 죽는다 해도 할 수 없습니다. 많은 재산을 모았다고 해도 할 수 없습니다. 그것으로 끝입니다. 지상에서의 생명이 끝났기 때문입니다.

인간은 어리석은 존재입니다. 죽을 때가 되어서야 후회하는 존재입니다. 따라서 죽기 전에, 지금 여기에서 실천을 시작해야 합니다. 모든 실천은 깨달음에서 시작합니다. 실천을 머뭇거리지만 깨달은 그대는 그래서 훌륭합니다. 장수의 초입에 들어선 셈입니다.

87 | 절제하고 베푼다는
그 생각마저 지워야한다

문 問 스승님께서는

남에게 덕德을 베풀고

자신에게는 절제하라고 하십니다.

그런데 남에게 인색한 사람이

부와 장수를 누리는 것을 가끔 봅니다.

스승님께서는 이 점에 대해 어떻게 생각하십니까?

답 答 남에게 인색한데도 부와 장수를 누리는 경우가 때로 있습니다. 이와 같은 자는 최소한의 덕德을 실천한 사람입니다. 음식을 절제함으로써 자기가 먹지 않은 분량만큼 천지에 되돌려준 결과가 되어 무의식중에 천지에 음덕을 쌓게 된 것입니다. 이러한 자라도 부와 장수가 자신의 덕이라고 생각하는 순간 모든 것이 무너지게 됩니다. 그것은 천지의 덕이지 본인의 덕이 아닙니다. 그런 자를 부러워하는 마음을 버려야 합니다.

이와 같이 인색한 자의 관상은 어딘지 모르게 부족해 보입니다. 관상을 실천적 의미로 파악하는 관상가나 운명가는 이것이 보입니다. 진정으로 도를 실천하는 사람은 자신은 절제하고 남에게 덕을 베푸는 자입니다. 그리고 자신에게 절제하고 남에게 덕을 베풀고 있다는 생각마저 지운 사람입니다. 남에게 인색한 사람이 부와 장수를 누린다고 질투하는 마음을, 그대는 버리시기 바랍니다.

〈주역〉에 손損과 익益에 대한 뜻풀이가 나옵니다. 손損은 글자만 보면 '잃는다'는 뜻이지만, 원래의 속뜻은 '다른 사람에게 자신의 것을 내어 준다'는 말입니다. 덕德을 다른 사람에게 '베푼다'는 뜻으로 얼핏 손해를 보는 것같이 보이나 사실은 '최대의 이익이 된다'는 의미를 가지고 있습니다. 익益은 이익利益이란 말이지만, 진정한 의미의 이익이란 다른 사람에게 베푸는 것을 말합니다. 다른 사람에게 손해를 주고 자기가 이익을 보면 하늘의 원망을 받게 됩니다. 인간의 복록수福祿壽는 손해를 볼 때에만 주어지는 하늘의 덕입니다. 그대의 이익을 버리고 하늘의 덕을 얻으십시오.

88 | 진정한 관상가는
과거나 미래를 점치는 법이 없다

문 問 스승님,

저는 스승님처럼 큰 관상가로 성장하고 싶습니다.

어떻게 하면 장안의 유명한 관상가가 될 수 있습니까?

답 答 장안에서 가장 유명한 관상가가 되겠다는 생각을 가지고 있으면 절대로 최고가 될 수 없습니다. 만물은 날로 새롭게 변하고 사람도 매일 변합니다. 따라서 사람의 관상도 항상 변합니다. 그러나 하늘의 이치는 절대 변함이 없습니다. 하늘의 이치를 먼저 깨우치고 만물이 변한다는 사실도 깨우치십시오.

천석꾼에게는 천석꾼에 알맞은 일꾼들이 몰려들고 만석꾼에게는 만석꾼에 알맞은 일꾼들이 몰려들게 마련입니다. 하늘의 이치를 깨달아 큰 관상가가 되면 수만의 일꾼들이 몰려들지 않더라도 상관없습니다. 그래서 진정한 고수高手는 초야草野에 묻혀 있는 법입니다. 그래서 은둔고수隱遁高手라는 말이 나온 것입니다.

저잣거리에는 관상가들이 즐비합니다. 그들은 모두 몇 푼의 재화를 위해 운명을 점치는 자들로 대부분 교만한 자들입니다. 하늘의 이치를 깨달아 천하의 도를 아는 사람은 많은 칭송을 얻더라도 교만해지지 않습니다. 진정한 관상가는 과거를 알아맞히거나 미래를 점치는 법이 없습니다. 일반 대중에게 스스로 빛이 되어 어둠을 밝히는 사람입니다. 자신에게 빛이 없는데 어찌 다른 사람이 걸어갈 어두운 길을 밝힐 수 있겠습니까?

또한 큰 길을 밝히는 관상가가 되기 위해서는 항상 머물러야 합니다. 〈상지정上止正〉이란 책에는 '사람은 위를 보지 않고 머무는 것을 근본으로 하는데, 머물지 않으면 천운天運도 없다'라는 말이 나옵니다. 사람의 천운은 지금, 여기, 이 땅에서 전념하는 자에게 주어진다는 말입니다.

태양은 저녁에 지고 다음 날 떠오르지만 그대가 움직이지 않고 머물러 있으면 또다시 태양이 찾아와서 그대를 돕는다고 생각하십시오. 과거와 미래를 맞히는 저잣거리의 관상가가 아니라, 어두운 길을 밝히는 큰 관상가가 되려면 하늘의 이치를 깨우치는 데 전념해야 합니다.

그러나 나의 수많은 제자 중에서 이 비법을 전수받아 실천하는 사람은 극히 드뭅니다. 음식 먹는 일에 절제하여 소식을 실천하고 하늘의 이치를 깨우치려는 수많은 제자들이 구름처럼 몰려들었으나 중도에 포기하는 자들이 대부분입니다. 스승이 누구라고 말하며 내 이름을 팔아 장사를 하는 제자들도 많아서, 어느 순간부터는 이 비법秘法을 전수하는 일을 그만두고 있습니다.

하늘의 이치를 깨우치려면 절제하여 소식을 실천하십시오. 그러면 그대의 관상도 변하고 다른 사람들의 관상도 변한다는 사실을 알게 될 것입니다. 그런 다음 절제함과 소식의 미덕을 널리 전해 주십시오.

소식주의자
3명을 소개합니다

강신원, 사이몬북스 대표

부모님이 다니시는 교회에 목사님이 계십니다. 이 목사님은 여자분이신데 무려 7~8개의 중고등학교를 거느린 사학 재단의 이사장님이시기도 합니다. 저도 어린 시절에 자주 뵀던 분으로 아직도 팔팔하게 살아 계시고 올해 100세가 되셨습니다.

저는 가끔씩 이 목사님에 대한 이야기를 부모님에게서 들었는데 가장 인상적인 것이 음식에 대한 이야기였습니다. 핵심은 딱 2가지인데 '밥을 새 모이처럼 먹는다'와 '5시 이후에는 아무것도 먹지 않는다'였습니다. 10여 년 전(당시 90세)에 이 분을 다시 한 번 뵀는데 목소리는 청명했으며 눈빛은 형형했던 기억이 새롭습니다.

이 목사님의 막내아들이 학교 재단의 행정실장을 맡고 있었습니다. 몸집이 비교적 크고 뚱뚱했던 것으로 기억합니다. 작년에 혈관계통의 질병이 있어서 입원을 하고 수술을 했는데, 수술 후 피자가 먹고 싶다 해서 가족들이 병원 구내식당으로 피자를 시켰습니다. 그 기름진 피자를 먹다가 혈관이 다시 막혀 손쓸 새도 없이 그만 사망하고 말았습니다.

목사님의 슬픔이 얼마나 크셨겠습니까? 새 모이처럼 음식을 먹고 5시 이후 아무것도 먹지 않는 어머님을 보면서 자랐을 그 아들은, 어찌하여 그 뚱뚱한 몸으로 혈관이 막혀 이른 죽음을 맞게 된 것일까요? 돈도 명예도 사람의 목숨 앞에서는 헛된 것이라는 사실을 새삼 깨닫게 됩니다. 깨닫지 않으면 어떤 교육도 헛된 것이 되고 맙니다. 실천하지 않으면 어떤 깨달음도 헛된 것이 되고 맙니다.

아주 오래전 '상도商道'라는 TV 드라마가 있었습니다. 조선 순조 때의 최고의 거부이자 무역상으로 당시 모든 상인들로부터 존경과 흠모를 한 몸에 받았던 거상 임상옥의 일대기를 그린 드라마입니다. 나는 이 드라마의 주인공인 임상옥의 스승인 개성 갑부 홍득주의 점심 식사 장면이 잊히질 않습니다. 그는 개성 갑부로서 많은 재물을 모아 거상巨商이 되었는데도 점심은 항상 간장 한 종지에 보리밥 한 공기만 먹었습니다. 아랫사람들이 그 이유를 물어보니 '가난했을 때의 초심을 잊지 않기 위해서'라고 대답했는데요. 아주 오래전의 드라마인데도 나는 아직도 그 장면이 잊히지 않습니다. 보리밥에 간장 한 종지… 이 책의 원저자 남보쿠 선생의 가르침과 너무 일치하는 장면이 아닐 수 없습니다.

저 또한 몇 년 전 점심 도시락을 싸 가지고 다녔던 기억이 있습니다. 현미밥에 소금만 조금 뿌려서 사무실에서 몇 달을 먹었는데요. 사무실에 앉아 천천히 씹어 먹을 때의 그 충만감을 아직도 잊을 수 없습니다. 허리띠 사이즈가 자꾸 줄어서 구멍 뚫는 도구를 사다가 사무실에서 몇 번 가죽 허리띠에 구멍을 뚫었던 기억도 새롭습니다.

남보쿠 선생님의 〈소식주의자〉를 만들면서 다시 시작했습니다. 퇴근 후에 현미밥을 한 다음, 간장 양념에 생김을 찍어서 먹기 시작했습니다. 그러니까 반찬은 생김과 간장뿐인데요, 밥을 먹고 나서의 그 충만감이 매일매일 새롭습니다. 얼마나 맛이 좋은지 냉장고에 있는 반찬들이 전혀 생각나지 않습니다. 오히려 그 반찬들을 먹으면 이 충만감이 깨질까 봐 두려울 정도입니다.

출판사 대표라는 사람은 책을 만들어서 파는 장사꾼에 불과합니다. 어떻게 하면 책을 많이 팔아서 돈을 벌까 궁리하는 사람입니다. 그리고 그 결과물인 돈에 연연할 수밖에 없습니다. 상업자본주의 사회에서는 돈을 얼마나 많이 버느냐가 그 사람의 존재감을 증명해 주기 때문입니다.

그런데 이 책을 만들면서 많은 깨달음을 얻게 되었습니다. 이 책의 주제는 '절제하는 마음으로 소식을 실천하면 부와 장수가 저절로 따라온다'입니다. 그러나 이 책에서는 곳곳에 '부와 장수가 따라오지 않아도 절제에 흔들림이 없다면 부와 장수 또한 무슨 대수냐'고 반문

하기도 합니다. 이것이 남보쿠 선생님이 원래 말하고 싶었던 속마음이라고 추론해 봅니다. 마음이 착 가라앉으면서 세상을 바라보는 관점이 맑아지는 것을 온몸으로 느낍니다.

새 모이처럼 먹고 5시 이후에 아무것도 먹지 않는다는 100세 목사님과, 보리밥에 간장 한 종지로 점심을 대신한 개성 갑부 홍득주, 성공과 부와 장수는 소식과 절제에서 시작한다는 남보쿠 선생, 3명 모두 저의 스승님이십니다. 3명 모두 소식을 실천했고 부와 장수를 누렸습니다.

저는 아직 부를 성취하지도 못했고 장수를 언급하기에 한참 이른 나이입니다만, '절제하는 마음에 흔들림이 없다면 부와 장수 또한 무슨 대수냐'는 남보쿠 선생의 속마음을 눈치챈 것만으로도 가슴이 벅차오릅니다. 오늘도 퇴근 후 현미밥에 생김과 간장 양념으로 저녁 식사할 생각을 하니 입에 침이 고입니다.